D1749488

Tom Werner

Ich müsste mal AUFRÄUMEN

1. Auflage 2015

Copyright:
Ideen und Texte stammen von Tom Werner.
Das Buch wurde im November 2014, mit Hinterlegung bei der Anwältin B. Korte Erfurt, veröffentlicht und geschützt.
Die Texte sind frei erfunden und entspringen der künstlerischen Freiheit des Autors.
Ähnlichkeiten mit real existierenden Personen wären rein zufällig und nicht beabsichtigt.

Druck & Satz:
Druckerei Wittnebert Erfurt
Magdeburger Allee 79, 99086 Erfurt
Tel.: 03 61 / 7 46 71 90, Fax: 03 61 / 7 46 71 91
www.wittnebert.de, wittnebert@t-online.de

Verlag:
Ringelbergverlag,
Gunta-Stölzl-Straße 32, 99085 Erfurt
Tel.: 03 61 / 7 46 71 90, Fax: 03 61 / 7 46 71 91
www.ringelbergverlag.de, info@ringelbergverlag.de

Umschlagfoto: Levinia Schwarz von Foto Level Erfurt.
Lektorat: Antje Beyer, www.textkultivator.com

Über eine Rückmeldung – nicht nur von Silver Agern – freut sich:
Tom Werner
info@tom-werner.com, www.tom-werner.com
Facebook: Tom Werner Autor

ISBN: 978-3-945850-02-2

Für Werner
u. Gabi

von Werner

2001

Viel Spaß beim Lesen.

Inhalt

Vorwort... 11
Selbsterkenntnis 13
Der Silberne Markt.. 16
Ab wann ist man eigentlich ein Silver Ager? 17
Wie alles begann.. 18
Die Straßenbahnfahrt.. 20
Corporate Identity im Wandel der Zeit...................... 23
Verkaufsgespräch mit der reifen Kundschaft 26
Das Einkaufen und die Banker 28
Die Männergrippe... 31
Neue Brille mit viel Erfahrung 37
Der Frühjahrsputz.. 41
Der Gesundheitscheck.. 44
Der Besuch beim Urologen lief wie geschmiert 47
Die hilfsbereiten Altenpflegerinnen 49
Das mit dem Älterwerden ist ja so eine Sache 50
Die berufliche Reife... 52
Und immer lockt das Weib 54
Mit Zwillingen und Jutesack................................... 59
Günni und seine Olga von der Wolga........................ 60
Der »Blähboy« und die Beerdigung.......................... 72
Das Wahlversprechen 73
Der Männerurlaub 76
Die Familie Hartmann.. 86
Ein echter Spießer... 96
Die Ähnlichkeit zum Vater 98
Das Pubeltier.. 102
Wegen Pubeltät vorübergehend geschlossen................. 103
Standby-Modus... 109
Ben und die erste große Liebe 113
Claras Schwimmbadbesuch................................... 114

Hugo, Jörg und seine Prinzessin	118
Die coolen Beckers	124
Das Papataxi	128
Vom Pubeltier zum Erwachsensein	131
Der Totalausfall und das andere Leben der Handygeneration	133
Rundlich schuldig	138
Spieglein, Spieglein an der Wand	145
Die Spreewaldgurken	150
Die verwechselte Belohnung	155
Angenehme Verwechslung	160
Der Kleingärtner	161
Die Weihnachtszeit bei den Hartmanns	169
Vorweihnachtliches Missgeschick	173
Der Heilige Abend und der Weihnachts-Hartmann	175
Der Unterhaltungswert der Silver Ager	186
Das Klassentreffen	187
Der Turbogang	193
Großvaters Geburtstagsessen	195
Es ist, wie es ist	198

Vorwort

Getreu dem Motto „Wer lacht hat mehr vom Leben" habe ich die Erfahrungen als Silver Ager in eine gedankliche Aufräumaktion mit interessanten Rückblicken aus dem Leben und der Vorfreude auf das Älterwerden in das Familienleben der Hartmanns projiziert.
Die Neugierde an allem Neuen mit dem Schalk im Nacken des Frank Hartmanns, lässt ihn mit Humor reifen und geben ihm die nötige Gelassenheit sein Leben ab 50 entspannter zu genießen.

!ACHTUNG!

Dieses Buch sollten nur Männer lesen, die über sich selber und über die Macken der Männer im Allgemeinen schmunzeln können.
Sollten sich Ehepaare in den Verhaltensweisen der Hartmanns wiederfinden, übernehme ich keine Haftung bei Ehestreitigkeiten jeglicher Art.

Selbsterkenntnis

Hallo Schatz,
ich bin mit Vera und Biggi im Kino und anschließend probieren wir den neuen Italiener »Don Giovanni« in der Mühlgasse aus. Du kannst ja die Zeit nutzen, um ein bisschen aufzuräumen.
Schau dich um und du wirst Arbeit finden.
Küsschen, Clara

Meine Gedanken kreisen um die Frage, ob meine Frau das *Essen* beim neuen Italiener meinte oder wirklich den armen Italiener selbst. Drei Frauen nach dem Kinobesuch eines Liebesfilmes! Das könnte anstrengend für den armen Kerl werden.
Während ich den großen Flurspiegel von der Lippenstift-Info meiner Frau reinigte und mir überlegte, was ich mit minimalem Einsatz aufräumen könne, ohne mir hinterher die Frage anhören zu müssen, was ich an der Bitte des Aufräumens nicht verstanden hätte, entschied ich mich für die schwerste aller Aufgaben: Ich räumte die Geschirrspülmaschine aus. Dabei fiel mir ein halber Teller in die Hand, der mir wohl zeigen sollte, dass ich die Hälfte meines Lebens bereits hinter mich gebracht hatte.
Den Teller mit der Aufschrift »Halbe Hundert« hatte ich vor zwei Jahren zu meinem 50. Geburtstag bekommen und ich konnte ihn überhaupt nicht leiden.
Ich ließ es mit dem Aufräumen langsamer angehen und hing ein wenig meinen Gedanken nach. Hier stehe ich also, ich, Frank Hartmann, 52 Jahre alt und seit mehr als 20 Jahren glücklich verheiratet. Mit meiner Frau und meinem Sohn führe ich ein ganz normales Leben. Ich bin erfolgreicher Kaufmann und weiß einen netten Bekanntenkreis und ein paar gute und treue Freunde um mich.
Eigentlich bin ich mit meinem Leben sehr zufrieden! Doch seit einiger Zeit stelle ich fest, dass die Gesellschaft Menschen »ab 50« zur attraktiven Zielgruppe der *Silver Ager* zählt. Ich habe mir noch nie so viele Gedanken

über die zweite Hälfte meines Lebens gemacht wie in der letzten Zeit, seit ich die 50 überschritten habe.

Egal, wo man hinkommt oder was man macht: Die »50plus« bestimmt – teils bewusst, teils unbewusst – das Leben mit. Zum einen aus reiner Fürsorge, zum anderen, weil es eine finanzkräftige Zielgruppe ist. Für mich als Kaufmann ist das – nüchtern betrachtet – klar. Aber als Frank Hartmann fange ich an, mein Leben, meine Freunde, den Beruf und meine Leidensgefährten ganz anders anzusehen.
Eine ganze Werbeindustrie kümmert sich darum, dass attraktive Silver Ager, wie ich es einer bin, mit lauter nützlichen Produkten versorgt werden. Pocken & Galle erklären mir täglich in den Werbepausen, dass Bewährtes gut sei und ich weiterhin mit Ariela & Co waschen müsse. Um mir dies plausibel zu machen, haben sie mein früheres Torwart-Idol Sepp Maier ausgegraben.
Auch meine langjährige Zahnpasta Gentamed, bei der mir immer versprochen wurde, dass ich »auch morgen noch kraftvoll zubeißen« könne, ist nun nicht mehr die richtige. Jetzt, in der zweiten Hälfte meines Lebens, muss ich die Senior-Paste für den kraftvollen Halt der Zähne ab 50 benutzen.
Duschte ich bisher mit Love oder Ha und dem »guten Gefühl der Frische«, so erklärt mir die Werbung heute, dass ich die neue Creme of Colaz-Duschgel benutzen müsse, denn nur dieses sorge für eine gestraffte Haut und lasse die Falten (auch am Popo) verschwinden.
Natürlich sagt mir die »Rentner-Bravo« aus der Apotheke, dass ich jetzt Biolecker und Mulikorte zu nehmen habe, um mein inneres Gleichgewicht zu finden. Auch Gingko-Kapseln seien gut gegen die Vergesslichkeit. Man stelle sich mal vor, ich würde vergessen, wo die Apotheke ist. Jetzt, wo der Chef der Apotheke mein bester Freund werden könnte …
Bekam ich früher beim Einkauf in Modehäusern Prospekte von Loop oder Coss in die Einkaufstüten gelegt, so bekomme ich heute Post von Thalbusch mit Angeboten für zwei Hemden zum Preis von einem oder für die Stretchhose mit dem elastischen Bündchen.

Im Modehaus stecken mir die charmant lächelnden Verkäuferinnen allenfalls ein Sonderheft über attraktive Seniorenmode zu – mit dem Hinweis: »Damit Sie sich zu Hause in Ruhe anschauen können, was modisch zu Ihren grauen Haaren passt.«

Konnte ich mich früher auf Messen um die wesentlichen Messeneuheiten kümmern, so kümmern sich heute die am Rande einer jeden Messe stehenden Verkäufer für Gesundheitsschuhe um mich: »Sie müssen unbedingt die neuen Dörishofener Gesundheitslatschen testen. Gerade in Ihrem Alter ist es so wichtig, auf gesunden Füßen zu stehen.«

Hat man es geschafft, den Schuh-Verkäufern zu entkommen, stehen freundlich grinsende Chinesen mit ihren Massagestäbchen da und säuseln: »Du, Mann – Massage gut für Rücken und Alter.«

Deren Konkurrenten, die Frauen mit der entsprechenden Reife, empfehlen einem bequeme Massagesessel oder die Massageliege: »Die sind so gut für den Kreislauf und zur Bindung des schlaffen Gewebes, die müssen Sie haben!«

Selbst Versicherungen wittern fette Beute. Sie haben sich blitzschnell auf den Markt eingestellt und Rundum-sorglos-Pakete für die Silver Ager geschnürt. Regelmäßig verstopft die Post mit Angeboten zur Kostenbeteiligung an meinem zu erwartenden Zahnersatz oder für Risikoversicherungen meinen Briefkasten.

Die Zeitungen und Magazine sind voll von Artikeln über die aktiven Silver Ager und die vielen interessanten Möglichkeiten, sich auch noch im Alter aktiv und kulturell zu beschäftigen.

Sind wir doch mal ehrlich: *So viel* Fürsorge und Aufmerksamkeit bekommen wir sonst nicht.

Wie rührend es ist, in der Gesellschaft nicht als Randgruppe zu gelten, sondern noch einen festen Platz zu haben, erfährt man auch auf Urlaubsreisen und bei Fitnessangeboten.

Der Silberne Markt

Reiseveranstalter buchen ganze Kreuzfahrtschiff-Flotten, um der Nachfrage an Angeboten für die Silver Ager gerecht zu werden. ADIA schippert durch das Mittelmeer und bietet sorglose Unterhaltung an Bord. Die Kreuzfahrtflotte von TIU heuert Helene Fischer oder Andrea Berg an, um die attraktive Zielgruppe an Bord zu bespaßen.

Altrocker wie Udo Lindenberg oder Peter Maffay lassen bei den Silver Agern längst vergangene Zeiten wieder aufleben und bringen den Reiseveranstaltern ihren gewünschten Umsatz.

Sich im herannahenden Alter aktiv zu bewegen, das ist das Motto einer ganzen Fitnessindustrie. Im Aktiv Club 50 PLUS oder dem Club der Ollen Dollen kann ich meine älter werdenden Knochen fit halten. Nordic Walking, Spinning, Bellicon, BikeTracking, Tour 50 PLUS und andere Angebote stehen mir zur Verfügung. Botox-Kuren und Wellness-Weekends runden das Angebot ab.

Der Wunsch nach immer mehr Erlebnissen auf den Urlaubsreisen oder bei den Eventveranstaltungen für diese Zielgruppe wird gern von der Unterhaltungs- und Fitnessindustrie noch befeuert.

Was machen die Silver Ager, die sich diese Angebote nicht leisten können? Auch hier gibt es, den Krankenkassen sei Dank, eine Vielzahl an Reha-Sportangeboten auf Rezept.

Die Industrie hat sehr schnell bemerkt, dass man mit der 50plus-Generation leicht Geld verdienen kann. Manchmal beschleicht mich das Gefühl, dass es so etwas wie Codewörter auf dem deutschen Markt gibt, die die Fantasie einiger Branchen beflügeln und sie zu 100-prozentigen Aufschlägen animieren. Buchen Sie doch spaßeshalber unter dem Vorwand, sich mal wieder mit ein paar guten Freunden treffen zu wollen, in einem Restaurant einen Tisch für 15 Personen und versuchen Sie, sich mit dem Inhaber auf einen Festpreis von 25 € pro Person für das Menü zu verständigen. Das wird Ihnen natürlich gelingen.

Rufen Sie das gleiche Lokal an und buchen für die gleiche Personenanzahl einen Tisch. Der Anlass diesmal: eine Trauerfeier oder eine Hochzeit!

Sie werden kein Menü unter 50 € (in Worten: fünfzig!) pro Teilnehmer bestellen können. Benutzt man »Codewörter« wie Trauer, Tod oder Hochzeit, dann glänzen bei vielen Unternehmern die Augen.
Hierfür muss man als Kunde jedoch Verständnis zeigen, denn die Angestellten des Lokales freuen oder trauern mit den Gästen. Dieses Mitgefühl hat eben seinen Preis.
Meine Frau Clara klagt ständig über meine Leibesfülle, was mich kürzlich dazu animierte, einen Volkshochschulkurs unter dem Motto: »Fit im Schritt – Laufen mit Stöcken« buchen zu wollen. Dieser Kurs hätte mich 20 € gekostet. Als ich mich nach Alternativkursen im Aktiv Club 50 PLUS erkundigte, kostete der gleiche Kurs schlappe 100 € mehr. Verwirrt war ich vor allem, als ich las, dass die Trainer beider Kurse Kevin hießen und beide Diplom-Sportlehrer waren.
War das noch Zufall?!

Ab wann ist man eigentlich ein Silver Ager?

Clara, die meine Grübeleien nicht nachvollziehen konnte – schließlich war sie noch ein kleines Stück von der 50 entfernt –, rief mich aus dem Restaurant an.
»Frank, macht es dir etwas aus, mich, Vera und Biggi in einer Stunde vom Italiener abzuholen? Vera kann nicht mehr fahren.«
Lautes Gelächter aus dem Hintergrund! Als ob es dafür noch einer Bestätigung bedurfte.
»Kein Problem«, hörte ich mich sagen und wollte schon auflegen, als Clara kichernd fragte: »Und, hast du schon aufgeräumt?«
Klar, habe ich! Zwar nicht so, wie Clara es gemeint hatte, aber ich hatte keine Lust, es ihr zu erklären, war ich doch noch mitten drin, meine 50plus-Gedanken zu sortieren. Und so antwortete ich nur:
»Ja, und ich bin in einer Stunde bei euch. Viel Spaß noch. Bis dann!«
Und sie legte auf.

Gedankenversunken grübelte ich, was mich eigentlich zum Silver Ager machte. War es nur mein Alter? War es die Gesellschaft, die Werbung? Oder waren es doch meine schon leicht ergrauten Haare?

Ich war mir sicher, noch nicht zu dieser Zielgruppe zu gehören. Schließlich war ich erfolgreich im Berufsleben, hatte ein forderndes Familienleben, war Elternsprecher und in mehreren Beiräten der Wirtschaft und des Handels waren meine Meinung und meine aktive Mitarbeit gefragt und gefordert.

Ich sah es in vielen meiner Lebensbereiche nur so wimmeln von Möglichkeiten: im Gestalten meines Alltags, meiner Kleidung – wenn auch in zweifach XL inzwischen – und meines Auftretens, ohne das Gefühl zu haben, dass es peinlich wirkte.

Als Fachdozent war ich täglich umgeben von jungen Menschen und hatte mich noch lange nicht zur Zielgruppe der Silver Ager gezählt. Bis ...

Bis zu dem Tag, als mein Sohn zu mir sagte:

»Papa, das mit deinem alten Nokia-Handy ist peinlich. Du in deiner Position musst doch auch ein Smartphone haben!«

Fortan achtete ich bei jeder Besprechung darauf, welche Handys neben den Kollegen oder meinen Gesprächspartnern lagen. Zunehmend merkte ich, dass ich mit meinem alten Handy wirklich zur Spezies der aussterbenden Verfechter einer unkomplizierten Technik von vorgestern gehörte.

Wie alles begann

Nun war es also auch bei mir soweit. Ich wollte mich der modernen Technik stellen und ein Smartphone kaufen.

Da es an jenem denkwürdigen Tag meiner Begierde nach der neuen Technik sehr voll und der Berater der Handyabteilung eines großen Elektronikfachmarkts sehr beschäftigt war, verabredete ich mich für den übernächsten Tag mit einem der jungen Verkäufer, für morgens um 10 Uhr!

Mit seinem roten T-Shirt, seiner Jeans und den rot-silbernen Turnschuhen erinnerte mich der Verkäufer irgendwie an einen Wasserhydranten, der nach DIN EN 14339 die maximale Größe von 160 cm nicht überschreiten durfte.

Ich hatte zahllose Fragen zur Technik, die mich zwar brennend interessierte, der ich aber in Gänze unwissend gegenüberstand. Mit meinem bisherigen Handy konnte ich ja vor allem eins: telefonieren! Und SMS schreiben. Nun sollte das neue Handy auch noch fotografieren können, MMS empfangen, WhatsApp- und natürlich NSA-geeignet sein und einen angebissenen Apfel auf der Rückseite haben. Außerdem musste irgendwer all diese Anwendungen in einer für mich erkennbaren Größe auf dem sogenannten Display einstellen.

Es war gar nicht so leicht, morgens um zehn Uhr den »Wasserhydranten« vom Elektrofachmarkt zwischen den Regalreihen zu finden. Der junge Verkäufer versuchte, mir mit Fachbegriffen wie Bluetooth, Hotspot und WLAN seine Fachkompetenz zu beweisen und sah mich bei jeder weiteren Erklärung und meinem gleichbleibend fragenden Blick mitleidig an. Als ich allmählich begann, seine Ausführungen zu erfassen und ein für mich geeignetes Gerät zu suchen, schlenderte ein junges, hübsches und zweifelsohne technikbegeistertes Pärchen auf uns zu. Flugs wandte der Verkäufer sich von mir ab, widmete fortan seine ganze Aufmerksamkeit dem jungen Paar und ließ mich mit meinem Handy-Halbwissen und meinen Problemen stehen.

Nach geraumer Zeit und dem Versuch, mich durch lautes Räuspern bemerkbar zu machen, wies ich den Verkäufer freundlichst darauf hin, dass wir uns eigentlich in einem Beratungsgespräch befänden, worauf er mir zu verstehen gab, dass die Herrschaften sich ein neues Handy kaufen wollten.

Meinen Einwand, dass ich mit der gleichen Absicht und einem festen Termin zu ihm gekommen sei, tat er mit der Bemerkung ab, dass ich ja sowieso noch nicht wisse, wo meine Reise in die mobile Welt hinginge und es prima Handys mit ganz großen Tasten für eine bessere Bedienbarkeit gäbe. Und ich solle mich bloß nicht von dem Begriff »Seniorenhandy« irritieren lassen.

»Da kommen wir alle noch hin«, waren seine augenzwinkernd hingeworfenen letzten Worte, bevor er sich wieder ins Gespräch mit den »wirklichen Kaufinteressenten« vertiefte.

Wie schön, dass ich nach Einschätzung meines Verkäufers, der die Größe eines Wasserhydranten nach DIN EN 14339 hatte, schon bei den Senioren angekommen war, dachte ich so bei mir – und blieb vorerst meinem liebgewonnen Nokia-Handy treu.

Die Straßenbahnfahrt

Ich, Frank Hartmann, der die Erde schon mehrfach mit seinem Auto umrundet hat, fuhr nach langer Zeit mal wieder mit der Straßenbahn – zum Theater.

Ich stieg an unserer üblichen Haltestelle im Kiez ein, die Bahn war gut besetzt und ich musste im Gang stehen. Ein kleines Mädchen neben mir stand plötzlich unaufgefordert auf und sagte:

»Du kannst dich da ruhig hinsetzen!«

Das war mir ziemlich unangenehm. Warum sollte ein kleines Kind aufstehen, das den Schutz und den Halt viel dringender brauchte als ich? Andererseits gibt es das heute selten, dass Kinder für erwachsene, sagen wir mal, reifere Menschen in der Bahn Platz machen. Ich war hin und her gerissen.

Die Mutter nahm ihr Kind auf den Schoß und signalisierte mir, das Angebot ihrer Tochter ruhig anzunehmen. Also tat ich es. Das Mädchen musterte mich die ganze Zeit. Seine grau-blauen, großen neugierigen Augen scannten nahezu jeden Quadratzentimeter meines Kopfes.

Dann kam die Frage – wie aus der Pistole geschossen.

»*Nein!*«, dachte ich. Jetzt bitte nicht die Frage, ob ich alt sei! Das brauchte ich heute, nach dem Erlebnis im Elektronikfachmarkt, nicht auch noch.
»Bist du schon ein Opa?«, fragte mich die Kleine und zupfte dabei an ihrer roten Haarspange mit den kleinen Marienkäfern.
Sofort kam die peinlich berührte Entschuldigung der Mutter:
»Wissen Sie, sie behandeln im Kindergarten gerade ältere Menschen und Lina interessiert sich für alles, was damit zu tun hat: die oft faltige Haut, die Furchen im Gesicht und die grauen Haare …«
Irgendwie wurde die Situation nicht besser.
Woran hatte das Kind die Frage festgemacht?, grübelte ich. Meine Augen wanderten langsam und unauffällig über die Haut meiner Hände. War sie etwa faltig? Hatte ich denn schlaffe Augenlider? Oder war es nur der graue Haaransatz, der Lina zu ihrer Opa-Frage veranlasst hatte?
Na, warte nur, dachte ich so bei mir, wenn du 30 Jahre älter bist, findest du Männer mit grauen Haaren sexy. Nicht umsonst hatte George Clooney solchen Erfolg bei den Frauen, machte ich mir selbst Mut.
Wenige Stationen später stieg ich aus der Bahn und lief hinüber zum Theatervorplatz. Ich warf noch mal einen Blick zurück zur Haltestelle und sah das kleine Mädchen mit dem Pferdeschwanz fröhlich aus dem Fenster der abfahrenden Bahn winken.
»Schwester Nicole – Ihre mobile Altenpflege« war plötzlich im verglasten Werbeschaukasten im Wartebereich der Haltestelle zu lesen. Na großartig! So langsam konnte man entweder abergläubisch werden oder alles auf die selektive Wahrnehmung schieben. Kopfschüttelnd schlenderte ich ins Foyer des Theaters, lief betont leichtfüßig die Treppe zur Garderobe hinunter und reichte wortlos meinen Mantel zur Aufbewahrung.
So richtig genießen konnte ich das Stück nicht. Die Frage des Kindes und insbesondere die schnelle entschuldigende Antwort der Mutter nagten noch immer an meinem Ego. Das war doch nur eine höfliche Ausrede der Mutter gewesen, dachte ich.
Währenddessen gaben sich die Schauspieler vorn auf der Bühne alle Mühe, mich zum Lachen zu bringen.

Während der Pause versuchte ich, meine Grübeleien in einem halben Glas Rotwein zu ersäufen, doch unweigerlich drängte sich die Erinnerung an eine unangenehme Begebenheit auf und vereitelte meinen Plan. Ich hatte kürzlich einer alten Dame zum 90. Geburtstag gratulieren dürfen. Was konnte man einer so betagten Person, die noch dazu im Altersheim leben musste und an den Rollstuhl gefesselt war, Nettes sagen? Also bemerkte ich nach meinen guten Wünschen, dass sie ja noch so schönes, volles Haar hätte.
»Ja«, hatte die alte Dame erwidert, »die Investition in die Perücke hat sich wirklich gelohnt.«
Auf der abendlichen Heimfahrt mit der Straßenbahn saß ich einer Frau Anfang 30 mit kurzen blonden Haaren gegenüber, deren Arme von den Schultern bis an den Handrücken mit Tattoos übersät waren. Ich musterte sie etwas verlegen und dachte so bei mir: Was, wenn dieser Dame in ca. 20 Jahren das Gleiche passieren würde wie mir heute? Wie wäre wohl der Dialog mit dem kleinen Mädchen abgelaufen?
Ich stellte mir vor, wie die dann ca. 50-jährige Frau dem Kind gegenüber säße und dieses fragen würde:
»Du, wer hat denn das Krixel-Kraxel auf dir herum gemalt?«
Dann stellte ich mir die schnelle, entschuldigende Antwort der Mutter vor, die ja nicht sagen wollte, dass die Haut und damit auch die Tattoos inzwischen faltig waren und man das Motiv darauf nur noch schwerlich erkennen konnte.
»Entschuldigen Sie bitte, aber meine Tochter geht in den Kindergarten für moderne Kunst und sie fragt sich, was für ein abstraktes Gebilde Sie da auf Ihrer Haut tragen.«
Bei der bloßen Vorstellung daran prustete ich los und konnte ein lautes Lachen nicht verkneifen, was die ahnungslose Frau sichtlich verunsicherte.
Ich nahm zwei Erkenntnisse aus dem Theaterbesuch und der Straßenbahnfahrt für mich mit: Fahre demnächst wieder mit dem Auto und lerne zu lächeln, wenn du auf dein Alter angesprochen wirst!

Corporate Identity im Wandel der Zeit

Reifer zu werden macht Spaß. Man kann Vieles mit einer erfahrungsgemäßen Portion an Gelassenheit hinnehmen.
Seit über fünfzehn Jahren arbeite ich erfolgreich als Firmenkundenbetreuer einer großen Autohauskette. Aufgrund der Vielzahl an Firmen- wie auch Privatkunden, die ich im Laufe meiner Berufsjahre für die Firma bedient habe, hatte ich meinen Schreibtisch immer gut sichtbar im Verkaufsraum gehabt. Nun änderte der Automobilkonzern sein Outfit und seine Corporate Identity bundesweit. So eine Auffrischung soll ja mehr Umsatz und bessere Verkaufszahlen mit sich bringen.

Mit Einführung einer neuen Corporate Identity wurde das Autohaus in einen freundlichen, lichtdurchfluteten, modernen Autopalast umgestaltet. Fortan hatten wir keine Kundenecke mehr, sondern eine WLAN-geeignete Kundenlounge mit Flatscreen-TV und Tablets.
Der Kundenempfang war kein Kundenempfang mehr, sondern ein 60 cm erhöhter Info-Counter, bei dem die Counter-Girls ab sofort die Chance hatten, unsere Kunden von oben herab anzusprechen und der Kunde als kleiner Bittsteller vor dem erhöhten Tresen stehen durfte.
Meine Kolleginnen meldeten sich fortan am Telefon nicht mehr mit:
»Autohaus AMALFI, Sie sprechen mit Gabi Klein«, sondern mussten wie folgt ins Telefon flöten:
»Herzlich willkommen am Informations-Counter der Automobilgroup AMALFI, mein Name ist Gabi. Welche Wünsche oder Anregungen darf ich für dich notieren oder weiterleiten?«
Diese Erhöhung und der damit erschaffene Abstand zum Kunden würde eine notwendige Distanz zum Käufer herstellen, war unser Geschäftsführer der festen Überzeugung.
Wie gut, dass der Berater aus dem Elektronikmarkt, bei dem ich mein neues Telefon hatte kaufen wollen, hier nicht zur Kundschaft gehörte. Bei seiner Körpergröße wäre ein Sprungbrett, wie wir es früher beim

Bockspringen im Sportunterricht verwendet haben, sinnvoll gewesen, um auf sich aufmerksam zu machen.

Die Neuerung, dass wir ab sofort mit unseren Kunden »per du« sein mussten, sollte eine Assoziation zu einem schwedischen Erfolgsunternehmen ergeben.

Mit der Anschaffung von Video-Aktionswänden, die die Neuheiten des Unternehmens präsentieren sollten, der Kundenlounge, des modernen Counter-Systems und mit dem frischen Erscheinungsbild des Unternehmens kam die Geschäftsleitung auf die Idee, dass die Generation Silver Ager nicht mehr in dieses fortschrittliche Erscheinungsbild des Unternehmens passte. Die reiferen Mitarbeiter wurden daher ab sofort im Backstage-Bereich platziert. Im Frontofficebereich wirken nun junge, dynamische Kollegen im Alter zwischen 20 und 30 Jahren. Bei ihren Erzählungen und ihrem Auftreten konnte man glauben, dass sie eine Berufserfahrung von mindestens 30 Jahren mitbrachten.

»Toll, dass unsere Ausstellungshalle jetzt so frisch und modern gestaltet ist. Und, dass neben dem modernen Mobiliar jetzt auch so eine junge Verkaufsmannschaft den Kunden gegenübersteht«, freute sich unser blutjunger Geschäftsführer.

Jeder Kunde bekam vor dem Beratungsgespräch ein Tablet in die Hand gedrückt, um sich sein persönliches Fahrzeug individuell zu konfigurieren. Diese Aktion würde dem Verkaufsberater viel Beratungszeit sparen und dieser hätte schneller die Gelegenheit, neue Kunden anzusprechen, war sich die Firmenleitung einig.

Der Vorteil von einigen Jahren Berufserfahrung und der nötigen Reife besteht darin, dass man gewisse Entscheidungen und Entwicklungsprozesse im täglichen Firmenablauf ruhiger und entspannter sehen kann, wohl wissend, dass diese Entscheidungen nicht von Dauer sind oder sich in dieser Form nicht durchsetzen werden.

Die Sitzgruppe mit dem Flatscreen-TV war jetzt mit Barhockern bestückt, die eine Stützlast von 60 Kilo hatten. Das sind also Hocker, an denen man nur seinen Popo anlehnen kann. Oder auf denen man sitzen darf, wenn man höchstens 60 Kilo wiegt. Unter diesem Aspekt hatte ich unsere bisherige Kundschaft noch nie betrachtet. Ich war gespannt, wie viele von ihnen dem Anforderungsprofil der neuen Hocker entsprechen würden.

Hatten wir früher Verkaufsbesprechungen, so gehen wir heute zu Meetings. Um die Arbeitseffektivität zu steigern, reden wir nicht mehr mit unserem Platznachbarn oder Kollegen, sondern kommunizieren per Mail mit- und untereinander.

»Das ist ja auch wesentlich zeitgemäßer«, philosophierte unsere neue junge Firmenleitung und führte gleich noch die Zeiterfassung bei den Beratungs- und Verkaufsgesprächen ein. Nun ja, dachte ich mir, wie war das noch gleich mit den neuen Besen?

Damit man die Vorgaben besser schaffen konnte, kam man auf den glorreichen Gedanken, alles Persönliche aus den Beratungsgesprächen zu entfernen. Das schaffe Zeit für das Wesentliche und gebe uns die Möglichkeit, keine Beziehungsebene zu den Kunden aufzubauen, da war sich unser Chef ganz sicher. Eine tolle Idee der Youngtimer des Unternehmens. Beziehungsebenen im Verkauf werden sowieso völlig überbewertet.

In solchen Situationen oder bei fragwürdigen Entscheidungen stellte ich mir immer vor, wie viele arbeitslose Jungmanager oder Nachwuchsleiter es geben würde, wenn man deren praxisfremde Entscheidungen auf den Prüfstand stellen würde:

»Was waren Sie? Leiter eines Autohauses, in Ihrem Alter? Nein, Ihr persönliches Schicksal darf mich nicht interessieren, nur Ihre Erfolge und Ihr beruflicher Werdegang, also Ihre Erfahrungen. Alles Persönliche haben wir aus den Beratungsgesprächen der Agentur für Arbeit herausgenommen, um die Flut der Arbeit suchenden Jungunternehmer zu bewältigen.« Das ließ mich dann immer schmunzeln und half mir bei meiner täglichen Arbeit.

Als ich Familie Rühdorf vom Empfang abholte, um in das Beratungsgespräch einzusteigen bedankte sich Papa Rühdorf bei mir:

»Wir haben ja nun schon drei Autos bei Ihnen gekauft und freuen uns

auch über das Frühstücksbrett, das wir am Empfang bekommen haben, aber hätten Sie eventuell noch ein zweites Brett für meine Frau?«
Mein eigenes technisches Unverständnis noch gut in Erinnerung, ging ich sehr behutsam mit dem Ehepaar um, als ich ihre Frage beantwortete.

Verkaufsgespräch mit der reifen Kundschaft

Vor ein paar Tagen durfte ich stiller Beobachter bei einem Verkaufsgespräch meines neuen jungen Kollegen sein, der versuchte, mit einem Ehepaar aus der Zielgruppe der Silver Ager ins Gespräch zu kommen. Die Kunden liebäugelten schon eine ganze Weile mit einem Mittelklassewagen vom Typ Octopus. Mein Kollege musterte das sehr harmonisch wirkende Paar eine ganze Weile, dann trat er zu ihnen, räusperte sich und versuchte, mit verkäuferischer Raffinesse das Gespräch zu eröffnen.
»Der Octopus ist nichts für Sie. In Ihrem Alter empfehle ich immer den Reli. Der ist altersgerecht ausgestattet, man sitzt erhöht, und er hat nicht so viele Extras, die Sie nur unnötig vom Fahren ablenken würden«, hörte ich meinen Kollegen sagen. »Das ist ja gerade in Ihrem Alter wichtig. Schließlich hört man immer mehr von Unfällen mit älteren Leuten. Und schließlich wollen Ihre Enkel bestimmt noch lange etwas von Ihnen haben.« Immer noch um das physische und psychische Wohl der Kundschaft besorgt, plauderte mein Kollege weiter: »Wenn man ins Rentenalter kommt und seine Zeit zwischen Orthopäden und Physiotherapie aufteilen muss, da ist es doch wichtig, dass man gut ins Auto ein- und aussteigen kann. So ein Reli ist genau das richtige Fahrzeug für Sie«, argumentierte er aus voller Überzeugung.
Als die Kunden erneut den Wunsch äußerten, dass sie gerne eine Beratung zu dem Octopus haben würden und diesen gerne in der Farbe Silber bestellen möchten, entgegnete der Verkäufer:
»Silber! Das ist doch so eine typische Rentnerfarbe, das würde zwar zu Ihnen passen, aber so ein Reli in leuchtendem Metallicgrün ist doch

viel besser zu erkennen.« (Ein metallicgrüner Reli stand auf dem Hof und musste dringend verkauft werden.) »Stellen Sie sich doch mal vor, Sie hätten Ihr Auto auf einem großen Parkplatz geparkt und kämen nun nach einem ausgedehnten Spaziergang wieder zurück! Da ist doch bei nachlassender Sehkraft so ein etwas höher gelegtes Fahrzeug in leuchtendem Grün viel besser zu erkennen!«
Herr Hartmann, rief ich mir innerlich zu, jetzt ist der Moment gekommen, wo du dich einmischen musst und mit der Routine und Erfahrung dem jungen Kollegen zur Seite stehen solltest. Aber was sollte ich sagen, wie konnte ich meinen Kollegen aus dem Gespräch herausziehen, ohne als Besserwisser dazustehen? Wollte mein Kollege wirklich meine Hilfe?
Nein, entschied ich mich, man muss auch lernen, sich zurückzunehmen und den Nachwuchs seine Erfahrungen sammeln lassen. Und so beobachtete ich dieses Verkaufsgespräch weiter aus der Ferne.
Nachdem der Kollege den Kaufinteressenten nun noch die ganzen Vorzüge des modernen Autohauses in einem nicht enden wollenden Monolog schönredete, konnte ich von Weitem erkennen, wie das Paar immer unruhiger wirkte, nicht mehr zuhörte und sich schnell verabschiedete – ohne eine scheinbare Kaufentscheidung bei diesem Verkäufer, für dieses Autohaus, getroffen zu haben. Verständnislos ging mein Kollege an mir vorbei und bemerkte nur:
»Die Kinder sind aus dem Haus, für das Altersheim sind sie noch zu jung, also stehlen sie uns Verkäufern gerne die Zeit.«
Schade, dass der Kollege die wahren Kaufinteressen der Kundschaft um die 50 nicht erkannt hat. 50plus-Kunden brauchen nicht die neusten Eye-Catcher und Features, nicht die schrillsten Farben. Fahrer ab 50 legen hingegen viel Wert auf Sicherheit und Bequemlichkeit. Sie wollen Fahrzeuge mit nützlicher Technik und Eleganz, die über viel Platz und Charme verfügen. Die technische Ausstattung sollte leicht zu bedienen und übersichtlich sein. Bei uns Männern darf die Anzeigetafel im neuen Auto gerne auch dem Cockpit eines Flugzeuges gleichen. Schließlich steckt in jedem Manne auch gerne noch das Kind.

Das Einkaufen und die Banker

Schon in der Steinzeit war es so, dass wir Männer zum Jagen gingen, während die Frauen Höhle und Kinder hüteten und beschützten. Wir Männer beschützten unter Einsatz unseres Lebens unsere Beute.
Diese Rollenverteilung ist im 21. Jahrhundert sicherlich nicht mehr ganz so ausgeprägt, und doch bin ich in unserer Familie für das moderne Jagen nach Waren (für den Einkaufskorb) zuständig. Die Notizen in meinem Handy haben den herkömmlichen Speer ersetzt. Und so gehe ich mit voller Konzentration und meinem »Notizzettel« durch den Supermarkt und halte Ausschau nach meiner Beute. Am Beginn eines jeden Einkaufs sage ich immer zu mir:
»Herr Hartmann, Sie dürfen nichts vergessen und sollten nur das einkaufen, was auf der Liste Ihres Handys steht.«
Hierzu muss man wissen, dass immer dann, wenn ich vor großen Aufgaben stehe, ich mich sieze. Erst, wenn mir z.B. der Einkauf gelungen ist, alle Waren meinen Vorstellungen entsprechen und das Budget nicht überzogen ist, bin ich wieder per du mit mir.
Letztens war ich mal wieder am Start, um den wöchentlichen Einkauf erfolgreich zu meistern. Nachdem ich alles auf meiner Liste abgearbeitet hatte und siegessicher zur Kasse schritt, um das Erlegte endlich aufs Band legen zu können, eilten zwei junge Männer entschlossen auf die Kasse zu. Ohne mich auch nur eines Blickes zu würdigen, gingen sie an mir vorbei und legten die Einkaufsartikel aus ihren Körben auf das Band. Ich rang nach Luft, versuchte aber, die Situation spaßig zu nehmen und sagte zu den beiden Herren im Anzug:
»Na, sicherlich haben Sie es so eilig, weil Sie mit der Bundeskanzlerin ein Date haben und auf keinen Fall zu spät kommen dürfen?!«
Worauf die eiligen Einkäufer mir antworteten:
»So alte Herren wie du sind doch froh, dass sie von der Mutti weg sind. Gib der Jugend eine Chance, schließlich verdienen wir deine Rente.«
Als fürsorglichen Hinweis bekam ich noch zu hören, ich möge doch auf meinen Herzschrittmacher achten, der müsse schließlich immer schön

gleichmäßig pumpen. Sie lachten, klatschten sich ab und fanden die Situation und sich sehr amüsant.

Es macht mir ja nichts aus, nette Menschen mit weniger Einkauf im Korb vor mir an die Kasse zu lassen, wenn sie mich höflich fragen. Schließlich hatte ich ja die größere Beute gemacht und wollte das »Erlegte« auf dem Band für alle gut in Szene setzen, um dafür an der Kasse mit der richtigen Summe »honoriert« zu werden. Aber DAS hat mich geärgert, denn ich befand mich doch mitten in der großen Aufgabe des Einkaufens und siezte mich infolgedessen noch! Und diese beiden Vordrängler hatten einfach die Frechheit besessen, mich jetzt schon zu duzen, obwohl ich noch gar nicht mit meinem Einkauf fertig war.

Empört schnaufend verstaute ich das Erjagte im Kofferraum meines Wagens und wollte eben in mein Auto einsteigen, da sah ich sie wieder. Sie zogen gerade wichtigtuerisch ein letztes Mal an ihrer Zigarette und gingen in eine Bankfiliale. Beide Herren hatten das typische Outfit eines klassischen Bankers. Der eine im eleganten dunkelblauen Anzug mit einer passenden dünnen Krawatte und der andere in einem grau-schwarzen Nadelstreifenanzug mit einem auffälligen violett-grauen Binder, passend zum Firmenlogo der Bank.

Ausgerechnet diese Bank hatte mich in den letzten Wochen immer wieder mit Werbeflyern in meinem Briefkasten genervt, auf denen mit einem hohen Zinssatz bei Festgeldkonten geworben wurde.

Ich weiß nicht warum, aber irgendwie überkam mich die Lust, in diese Bankfiliale zu spazieren. Aus Erfahrung wusste ich, dass solche Filialen in der Nähe von Einkaufscentern meist nur mit zwei oder drei Mitarbeitern bestückt sind. Hier ist der Leistungsdruck, neben Konsumkrediten auch Sparanlagen zu verkaufen, sehr groß. Es lag nahe, dass die beiden jungen Herren in dieser Filiale arbeiteten.

Nun betrat also Frank Hartmann, 52 Jahre alt und seriös aussehend, die Bank. Einer meiner beiden Pappenheimer aus dem Supermarkt bemerkte mich und witterte sofort seine Chance: Ein Kunde, der genau ins Beuteschema der Bank passte.

»Guten Tag mein Herr«, säuselte mir der Nadelstreifenanzugträger überaus freundlich zu. »Wie kann ich Ihnen helfen?«

Mir kann keiner mehr helfen, dachte ich so bei mir. Wenn ich jetzt eine Pistole aus meiner Manteltasche ziehen würde, um die Bank zu überfallen, hätte sich der Jungspund hinter dem Schalter wahrscheinlich mit weiteren Freundlichkeitsfloskeln noch bedankt und mich mit den Worten »… und beehren Sie uns recht bald wieder« verabschiedet.

»Ich würde gerne einen Betrag über 350.000 € als Festgeld bei Ihnen anlegen. Ihre Werbung der letzten Wochen hat mich auf Ihre Bank aufmerksam werden lassen«, hörte ich mich stattdessen sagen.

Sichtbar verunsichert und dennoch erfreut rief der junge Mann nach seinem Filialleiter. Auch diesen Herrn in seinem dunkelblauen Anzug kannte ich bereits. Wobei die »Bekanntschaft« ja offenbar eher einseitig gewesen sein musste, da beide Herren mich nicht wiedererkannten.

Überaus freundlich redeten beide auf mich ein und ließen mir sogar einen Espresso angedeihen. Mich wunderte nur, dass sie sich gar nicht mehr um mein krankes Herz und dessen Herzschrittmacher sorgten und wir plötzlich wieder per Sie waren.

Als die beiden Jungbanker mit ihren Ausführungen am Ende waren, fragte ich, ob sie auch reifere Kundenberater hätten, die die Wertigkeit einer solchen Anlagesumme, die man schließlich dank einer längeren »Lebenslaufzeit« angespart habe, zu würdigen wüssten?

Nun mitten in meinem Element, fügte ich noch hinzu, dass man sich für die Umschichtung solcher Kapitalbeträge auch Zeit nehmen müsse, ich allerdings im Supermarkt beobachten musste, dass Zeitmanagement und die Achtung für die – jetzt hier in der Bank so geschätzte – Kundenschicht wohl nicht zu ihren Kernkompetenzen gehörte. Die entgeisterten Blicke und heruntergeklappten Kinnladen der ambitionierten jung-dynamischen Bankberater mit ihren eleganten Anzügen wären schon ein Foto wert gewesen. Den Moment genießend, verließ ich in einem triumphalen Hochgefühl die Bank, ging zu meinem Auto und klatschte mich selber ab.

Mit *dieser* Aufräumaktion war ich so richtig zufrieden.

Die Männergrippe

Dass uns Männern der Ruf vorauseilt, keine Gefühle zeigen zu können oder kein Mitleid zu haben, wissen wir. Aber das stimmt nicht!
Wenn ich krank bin, zeige ich immer sehr viel Mitgefühl! Zumindest mit meiner Krankheit.
»Ich habe so ein Kratzen im Hals«, erklärte ich meiner Frau.
»Dann gurgele gleich mit der Kochsalzlösung, die im Schrank steht, und lauwarmem Wasser. Aber erst, nachdem du mein Auto frei geschaufelt und den Schnee auf dem Gartenweg geschoben hast«, erwähnte meine scheinbar unbesorgte Frau in einem Nebensatz, während sie in der Küche stand und kochte.
Hallo? Das war (m)ein Hilferuf! Mir ging es sehr schlecht! Merkte meine Frau etwa nicht, dass ich kurz davor war, ernsthaft zu erkranken? Wenn ich ihr jetzt erklärt hätte, dass es mir dreckig ging und ich kurz vor einer schweren Grippe stand – ich fühlte das ganz genau –, hätte meine Frau mich wahrscheinlich nur mit diesem mitleidig-wissenden Blick angesehen und den Ernst meiner zu erwartenden Krankheit sowieso nicht erfasst. Brav tappte ich also los, um meine Aufgaben zu erledigen und rettete mich anschließend erschöpft und gerade noch mit letzter Kraft in meinen Wohnzimmersessel.
»Und? Hast du gegurgelt?«, fragte mich Clara.
»Ich kann mir nicht vorstellen, dass der Gurgelwassergeschmack zu meinem Bier passt«, antwortete ich kurz angebunden.
Kopfschüttelnd und ohne einen weiteren Kommentar zu meinem Halskratzen setzte sich Clara zu mir in die Stube und wir verbrachten einen harmonischen Fernsehabend. Nur dieses blöde Kratzen im Hals wollte nicht besser werden.
Am nächsten Morgen hatte ich wirklich starke Halsschmerzen und alle Glieder taten mir weh.
»Schatz! Ich glaube mich hat es erwischt!«, krächzte ich meiner Frau mehr oder minder deutlich aber unmissverständlich zu.
»Ich mache dir einen Tee mit Honig und Zitrone. Und du gurgelst noch einmal, machst zwischendurch bitte dein Testament und nimmst

vielleicht noch eine Schmerztablette. Du wirst sehen, dass du heute Abend wieder fit bist«, war Claras optimistische Einschätzung meiner erschreckenden Krankheitssymptome.

Während der Arbeit konnte ich mich gar nicht konzentrieren und beschloss, am Nachmittag zu meiner Hausärztin zu fahren. Ich rief Clara an und ließ sie wissen, dass ich beim Arzt meinen Zustand abklären lassen wolle, denn:

»Schließlich haben auch Willi und Karl-Heinz gesehen, wie es mir geht und mir geraten, sofort zum Arzt zu gehen.«

Sie sollte ruhig wissen, dass auch meine Kollegen meine bevorstehende schwere Grippe erkannt hatten. Vielleicht bereitete dies Clara jetzt wenigstens ein einigermaßen schlechtes Gewissen, weil sie meinen Krankheitszustand heute Morgen so lapidar heruntergespielt hatte.

In der Arztpraxis angekommen, steuerte ich sofort auf Conny, die Arzthelferin im Anmeldebereich der Praxis zu.

»Schwester Conny, Sie müssen mir helfen. Ich habe bestimmt über 40 Grad Fieber. Alle Glieder schmerzen, die Nase läuft und ich fühle mich gar nicht gut! Und mein HALS! Ich kann gar nicht schlucken«, schilderte ich ihr meinen schwer angeschlagenen Gesundheitszustand.

Um meiner Aussage noch eine Portion Nachdruck zu verleihen, damit die mir sehr jung erscheinende Schwester Conny den Ernst meiner Lage auch begriff, schnäuzte ich noch einmal kräftig in mein Taschentuch.

»Gut, Herr Hartmann. Ich habe alles notiert. Nehmen Sie bitte noch im Wartezimmer Platz, bis Sie aufgerufen werden.«

»Aber ich kann mich kaum noch auf den Beinen halten!«, entgegnete ich widerstrebend.

»Müssen Sie auch nicht. Wir haben im Wartezimmer Stühle, auf die Sie sich setzen können«, antwortete sie leicht gereizt und zeigte mit ausgestrecktem Arm unbeirrt in Richtung Wartezimmer.

Dass Frauen bei Krankheiten von uns Männern immer so unsensibel sein müssen. Schade, dass es keinen männlichen Arzthelfer dort gab. Der hätte meine Symptome selbstredend besser erkannt und mich sofort zur Doktorin vorgelassen. In dem Moment kam Frau Dr. Wohlspitz aus ihrem Behandlungszimmer.

»Na, Herr Hartmann, was führt Sie denn zu uns?«

Bevor ich antworten konnte, herrschte Schwester Conny dazwischen, dass ich nicht im Wartezimmer Platz nehmen wolle und erklärte der Ärztin meine Symptome.

»Oh Herr Hartmann, ich erkenne schon, was Ihnen fehlt«, schmunzelte Frau Dr. Wohlspitz und hakte sich bei mir unter. Ich wusste doch, die hat eben sofort einen Blick für schwerkranke Männer. Wir gingen in Richtung Wartezimmer und sie öffnete die Tür.

»Schauen Sie nur hinein, wir haben zurzeit eine regelrechte Epidemie von Männern, die an schwerer Grippe erkrankt sind. Da ich heute Nachmittag in der Sprechstunde noch alle Männer vor dem Grippetod retten möchte, muss ich systematisch vorgehen. Schwester Antje? Geben Sie Herrn Hartmann ein paar Plabotropfen und etwas Wasser. Ich werde zuerst die leichteren Grippepatienten retten. Und da es sich nach Ihrer Schilderung um eine ernstzunehmende Krankheit handelt, kommen Sie nachher zu mir ins Behandlungszimmer.«

Dabei lächelte Frau Doktor mich milde an und ich war mir nicht ganz sicher, wie sie das gemeint hatte.

Brav setzte ich mich also in die Schnupfenhöhle. Von links keuchte mir ein Mann ins Ohr. Von rechts wurde ich ohrenbetäubend angeniest. Musste der sich gerade jetzt zu mir umdrehen, als er niesen musste? Meiner Frau schrieb ich per SMS:

»Bin jetzt bei Frau Dr. Wohlspitz. Sie hat die Schwere meiner Krankheit sofort – noch an der Anmeldung – erkannt. Ich bekam gleich ein Mittel, um die Schmerzen während der Wartezeit zu ertragen. Aufgrund der möglichen Lebensgefahr werde ich ganz gründlich untersucht. Bin mir nicht sicher, ob ich sofort ins Krankenhaus eingeliefert werde. Bitte halte dich bereit!«

So ein Virenaustauschraum kann nicht gesund sein. Jeder schnieft und hüstelt vor sich hin. Wenn ich mir vorstelle, wie die Tropfen und Viren so durch den Raum fliegen. Keiner war bereit, das Fenster nur einen Spalt weit zu öffnen.

»Machen Sie sofort das Fenster wieder zu, ich bin schon krank!«, fauchte einer der Patienten einen anderen Herren an, der es wagte, etwas frische unverbrauchte Luft ins Wartezimmer zu lassen.

In meiner unmittelbaren Nähe stand der Mülleimer mit sämtlichen kontaminierten Schnupftüchern dieser Virenhöhle. Ob ich den mal wegstelle?, dachte ich panisch. Jeder musste hier vorbei und entledigte sich seiner vollgeschnieften Taschentücher. Das konnte meinem Gesundheitszustand nicht zuträglich sein. Beim achten Einwurf eines seiner Taschentücher schlug ich meinem Sitznachbarn vor, vielleicht die Plätze zu tauschen, damit er näher am Mülleimer sitzen konnte. Mein Vorschlag kam bei meinem Leidensgenossen nicht so gut an.

Klar, wer wollte diesen Virenauffangbehälter auch direkt in seiner Nähe wissen. Also litt ich leise vor mich hin und ergab mich in mein Schicksal. Mir fiel auf, dass gegenüber zwei Frauen saßen, die offensichtlich auch eine kleine Erkältung hatten. Das erkannte ich deutlich an der vom Schnupfen noch ganz roten Nase der ansonsten bestimmt attraktiven Brünetten. Trotzdem hatte ich den Eindruck, dass sie weniger leiden mussten. Wahrscheinlich haben die viel stärkere Tropfen von Schwester Antje bekommen, so gut wie die angeschlagen haben. Da wird man wohl aus Frauensolidarität den Damen die besseren, wirkungsvolleren Tropfen verabreicht haben, dachte ich mit ein wenig Bestürzung über so viel Ungleichbehandlung. Endlich war es soweit.

»Herr Hartmann, bitte ins Behandlungszimmer eins. Und Schwester Jana und Schwester Manuela, bitte bereiten Sie den kleinen OP-Raum für einen Eingriff vor!«, schallte es aus dem Lautsprecher in der Virenhöhle. Oh Gott, dachte ich auf dem Weg ins Behandlungszimmer. Ist es denn wirklich so schlimm um mich bestellt? Mit letzter Kraft sackte ich auf den Stuhl vorm Schreibtisch meiner Hausärztin.

»Machen Sie bitte den Oberkörper frei!«, forderte mich Frau Dr. Wohlspitz auf und schnäuzte erst mal gründlich in ein Taschentuch.

»Na, wohl auch erkältet?«, stellte ich fragend fest.

»Ich habe seit Tagen eine Sinusitis Frontalis, aber das Wartezimmer voll mit quengelnden Patienten. Einige sogar mit Symptomen einer schweren Männergrippe, da kann ich nicht zu Hause bleiben. – Haben die Tropfen schon ein bisschen gewirkt?« Frau Dr. Wohlspitz presste das kalte Stethoskop auf meinen Oberkörper und schaute mich fragend über den Rand ihrer Brille an, während sie mich abhorchte.
»Scheinbar nicht so gut wie bei den beiden Damen im Wartezimmer«, antwortete ich.
Sie lächelte gütig und fügte nur hinzu, dass die Frauen im Allgemeinen wohl ein anderes Schmerzempfinden hätten und nicht ganz so wehleidig seien wie das starke Geschlecht. Nach der Untersuchung nahm meine Ärztin ihre Brille ab und blickte ernst in mein leidendes Gesicht.
»Herr Hartmann, bei Ihnen handelt es sich um die ernstzunehmende Form der HMI.«
»Was bedeutet das?«, fragte ich kleinlaut und voller Angst vor dem, was jetzt auf mich zukommen würde. Schließlich wusste ich ja, dass der OP-Bereich schon hergerichtet wurde.
»Herr Hartmann, Sie haben eine schwere Form der Homo Masculus Influenza. Ihre Frau tut mir jetzt schon leid«, fuhr sie fort.
»Ist es wirklich so schlimm um mich bestellt?«, fragte ich erneut und sank immer tiefer in meinen Stuhl.
»Nein!«, antwortete Frau Dr. Wohlspitz. »Sie haben einen einfachen grippalen Infekt mit viel Wehleid in den Knochen. Also eine schwere Form der Männergrippe. Ihrer Frau schreibe ich ein Präparat zur Stärkung des Nervensystems auf, das wird sie während Ihrer Krankheit gut gebrauchen können. Und Ihnen empfehle ich, regelmäßig Dampfbäder zu machen und mit einer Kochsalzlösung zu gurgeln. Herr Hartmann, ich wünsche Ihnen gute Besserung. Bitte entschuldigen Sie mich jetzt, ich habe noch einen Notfall reinbekommen, bei dem ich eine kleine OP vornehmen muss, alles andere erhalten Sie vorne bei Schwester Conny am Empfang.«
Als ich aus der Praxis heraus war, rief ich gleich meine Frau an.
»Clara, du musst nicht kommen. Ich habe eine schwere Form von HMI. Was genau das ist, habe ich in der Aufregung nicht genau verstanden.

Die Frau Doktor hatte schon den OP-Bereich in ihrer Praxis vorbereiten lassen, dann aber doch entschieden, dass ich es erst mal mit Bettruhe zu Hause ausprobieren sollte. Wenn es nach drei Tagen intensiver Schonung nicht besser geworden ist, muss ich mich umgehend wieder bei ihr vorstellen. Neben starken Spritzen und Tropfen, die mir noch am Tresen gegeben wurden, soll ich nun zu Hause unterstützend Dampfbäder machen und mit Salz gurgeln, um die HMI zu bekämpfen. Bitte mache schon mal die Couch im Wohnzimmer bereit, ich bin fix und fertig.«
Oftmals hatte ich während meiner schweren HMI das Gefühl, dass sich meine Frau noch immer nicht des Ernstes meiner Lage bewusst war. Da lag ich nun, bewaffnet mit Taschentüchern, Kopfschmerz- und Halstabletten, Anti-Grippekapseln, Brausetabletten gegen verschleimte Bronchien, Hustensaft und Nasentropfen, auf dem Sofa im Wohnzimmer und zweifelte an mir und meiner Krankheit – ob und wie ich diese schwere Grippe überleben sollte? Ich wusste es nicht.
Und meine Frau? Sie stellte ohne ein bisschen Mitleid fest, dass ich ja wenigstens mal die Stube saugen könnte. Ihr war gar nicht bewusst, wie schlimm ich leiden musste.

Als ich nach vier Tagen morgens im Anzug am Frühstückstisch saß, um wieder meiner Arbeit nachzugehen, fragte mich Clara, ob ich nicht zur Ärztin wolle, worauf ich ihr erklärte:
»Frau Dr. Wohlspitz ist wirklich eine gute Ärztin. Sie hat mit der richtigen Medikation meine schwere HMI in so kurzer Zeit geheilt. Nur gut, dass wir so eine kompetente Hausärztin haben.«
Ich bin mir sicher, dass wir Männer ein anderes Schmerzempfinden haben und Krankheiten an unserem empfindsamen Körper anders wahrnehmen als unsere Frauen. Sie können das auch nicht nachempfinden, schließlich waren sie noch nie ein Mann und wissen infolgedessen auch nicht, wie schlimm so eine Grippe bei uns wirklich ist. Was sind schon die Leiden einer Frau während der Entbindung gegen das Leiden und die Schmerzen einer echten Männergrippe?
Wenn Frauen in der Apotheke nach einem wirkungsvollen Mittel gegen eine echte Männergrippe fragen, bekommen sie Oropacks, damit sie das

Gejammer der Männer besser ertragen können. Wir Männer wollen nicht jammern, nicht stöhnen oder uns beklagen, wenn wir daniederliegen. Wir Männer wollen auch die Qualen der Entbindung nicht abwerten. Wir wollen in unserem Leiden nur ernst genommen und akzeptiert werden. Schon als kleine Jungen bekamen wir dauernd den Spruch zu hören: »Ein Indianer kennt keinen Schmerz.«

So ein Quatsch. Keiner von uns Männern wollte jemals wirklich Indianer werden. Zumindest nicht gerade dann, wenn wir höllische Schmerzen hatten. Ich jammere nicht herum, wenn ich eine echte Männergrippe habe. Dafür habe ich während dieses höllischen Kampfes um mein Leben gar keine Zeit.

Neue Brille mit viel Erfahrung

»Ich finde es blöd, dass die Zeitungen immer in so kleinen Lettern drucken«, sagte ich eines Morgens nach dem Frühstück zu meiner Frau. »Herr Hartmann, was hältst du davon, dir endlich mal eine Brille zu holen? Nicht umsonst hat die Augenärztin dir ein Rezept für eine Brille mitgegeben!«, entgegnete meine Frau.

»Was sind schon 4,5 und 5,8 Dioptrien?«, fragte ich stirnrunzelnd.

»Frank, um es für dich verständlicher zu sagen, deine Augen haben inzwischen, ähnlich wie ein guter Cognac, eine gewisse Reife und somit eine Umdrehung von 40 Vol. %. Nur, bei deinen Augen wird die Reife als Sehschwäche und somit in Dioptrien gemessen. – Kauf dir eine Brille!«, waren Claras beschwörende Worte.

Die Brille war schnell gekauft, und damit fing die dauernde Suche nach ihr schon an. Brillen müssten beim Kauf einen Chip mit Peilsender erhalten, dessen war ich mir sicher.

Zugegeben, mit der neuen Sehhilfe wurden die Lettern und die Zeilen in der Zeitung wieder deutlich größer. Aber das immerwährende Suchen hatte auch so seine Tücken. Ich brauchte die Brille ja nur zum Lesen.

Jetzt hatte ich noch ein weiteres Utensil mit auf meinen morgendlichen Toilettengang zu nehmen. Wie fast alle Männer ging nämlich auch ich nach dem Frühstück in Ruhe auf die Toilette. Dabei nahm ich grundsätzlich – ganz klassisch – eine Zeitung mit. Nun musste ich auch noch an die Brille bzw. deren Etui denken.

Gewappnet mit Zeitung und Brille konnte das Morgengeschäft beginnen. Da soll mal jemand behaupten, wir Männer wären nicht multitaskingfähig. Wir Männer können auch zwei Sachen auf einmal: auf die Toilette gehen UND Zeitung lesen!

Clara hatte leider die Angewohnheit, mich auf diesem Örtchen der Ruhe zu nerven.

»Beeil dich Frank, wir wollen noch einkaufen!«, rief sie mittlerweile zum vierten Mal vor der Toilettentür.

Wir Männer (um die 50) brauchen aber Ruhe, um gewissermaßen entspannen, abspannen und »entladen« zu können. Diese Hetze am Morgen vertrug ich überhaupt nicht.

Wegen der Hektik, die Clara bereitete, vergaß ich vor dem Aufstehen von der Toilette, die Brille abzunehmen und in das Etui zu stecken. Beim obligatorischen »Kontrollblick«, ob und wieviel »Erfolg« ich diesmal hatte, rutschte meine Brille von der Nase und direkt in die Toilette.

Da lag sie nun, gut eingebettet.

Ich rupfte missmutig ein paar Blatt Klopapier von der Rolle und versuchte mit der rechten Hand, die Brille wieder herauszuangeln. Dabei stützte ich mich dummerweise mit der linken Hand an der Wand und damit auch am Spülkastenknopf ab. Beim Balancieren und Herausfischen der Brille war ich so konzentriert, dass ich versehentlich auf den Spülknopf drückte. Noch bevor ich meine Brille greifen konnte, wurde sie Dank des starken Wasserdrucks mit in die Tiefe der städtischen Kanalisation gespült. Das hatte man nun davon, wenn man so gehetzt wurde.

Beim anschließenden Einkaufen schaute ich mir die Brillen am Ständer des Supermarktes an, um wenigstens einen Ersatz zu finden.

»Was willst du mit so einer Brille? Du hast doch jetzt eine schöne und nicht ganz preiswerte Brille!«, meinte Clara, die von meinem Missgeschick noch nichts wusste.

»Ich hatte eine Brille, bevor du mich auf der Toilette so gehetzt hast und sie mir direkt vom Kopf in die Kanalisationsgänge unserer Stadt gerutscht ist«, antwortete ich sehr leise.

»Was, dir ist deine Brille in die Toilette gefallen?!«, stieß Clara laut und deutlich im Supermarkt aus.

»Psst, Clara!«, zischte ich ihr zu. »Das muss ja nun nicht gleich jeder hören.«

Ein Herr, der auf der anderen Seite des Brillenständers stand, fing an zu lachen und erzählte uns, dass er froh sei, dass es nicht nur ihm so ergangen sei. Er habe sogar schon beim zuständigen Fundbüro der Kläranlage der Stadt angerufen, und am letzten Freitag im Monat könne man sich seine Fundsachen dort wieder abholen.

»Vielleicht sehen wir uns ja dort«, verabschiedete sich der Herr und ging in den Einkaufsmarkt.

»Vergiss es!«, fauchte ich meine Frau an, die mich hoffnungsvoll-auffordernd anschaute. »Die Brille hole ich da nicht ab. Die hat bis dahin viel zu viel durchgemacht.«

Pünktlich am letzten Freitag des Monats um 9.00 Uhr stand ich vor der Tür des Fundbüros. Gott, wie peinlich! Ich hatte den Kragen meines Mantels hochgeklappt, eine Mütze auf den Kopf gesetzt und – da Ende Februar auch manchmal die Sonne stark scheinen konnte – vorsorglich eine Sonnenbrille auf der Nase.

»Na, so sieht man sich wieder«, hörte ich eine Männerstimme hinter mir. »Sie erinnern sich doch noch? Neulich, im Supermarkt! Konnte Ihre Frau Sie doch noch überreden, die Brille abzuholen?«, fragte mich meine Brillenständer-Bekanntschaft und ich fuhr erschrocken herum. Neben etlichen Brillen lagen da noch sechs Gebisse und Zahnspangen, Armbanduhren, Ketten und Eheringe auf dem Tisch des Fundbüros. Ausweise musste man nicht vorzeigen, und seine Fundsache brauchte man auch nicht explizit zu beschreiben. Jeder nahm sich das, wovon er glaubte, dass es ihm gehörte.

Der lange Weg, den die Brille bis zum Auffangsieb in der Kläranlage genommen hatte, hatte zumindest den »Vorteil«, dass die Brille – oberflächlich betrachtet – gereinigt aussah. Ich nahm meine Brille, verabschiedete mich nicht von meiner Brillenständer-Bekanntschaft und verließ das Fundbüro recht schnell.

Zu Hause steckte ich die Brille in eine Schüssel mit einem 80/20-Gemisch aus Desinfektionsmittel und heißem Wasser. Anschließend besuchte ich meinen Optiker, der mir beim Kauf der Brille einen Drei-Jahres-Gutschein für die Wartung und Pflege der Brille mitgegeben hatte.

»Können Sie mir bitte die Brille mal ganz gründlich reinigen und, da man so viel auf die Brille fasst, auch mal desinfizieren?«, bat ich die Optikerin. »Was haben Sie denn mit der Brille gemacht?«, fragte mich die Dame am Kassentresen des Optikers.

»Die hat in der kurzen Zeit schon viel gesehen und so einiges durchgemacht«, presste ich kurz angebunden heraus und hoffte, dass sie nicht weiter nachfragen würde. Am Abend konnte ich wieder meine vertraute Brille tragen und die Zeitungen in gewohnter Sehstärke lesen. Irgendwann kam mein Sohn Ben vom Fußball nach Hause und musterte mich eine ganze Weile.

»Ich finde, dass du mit der Brille scheiße aussiehst«, war sein wenig schmeichelhafter Kommentar zur gerade wiedererlangten Sehhilfe. »Erzähl die Geschichte bloß keinem. Das ist ja voll peinlich«, beschwor mich mein Sohn.

Der Frühjahrsputz

Es gibt Momente in unserem Hartmann'schen Leben, in denen es Clara immer wieder schafft, die Ruhe und Harmonie des Sonntags zu verderben. Während ich das Rennen der Formel 1 gespannt am Fernseher verfolgte, stellte sie nämlich fest, dass es Zeit wäre, den Frühjahrsputz zu starten.
»Muss das heute sein??«, fragte ich leicht genervt.
»Ginge es nach meinen Männern, wäre es nie der richtige Zeitpunkt. Da ich genau wie du, lieber Frank, zur Arbeit gehe, bleibt nur das Wochenende für die hauswirtschaftlichen Aufgaben übrig.«
»Ich verspreche dir, dich nicht dabei zu stören«, versicherte ich ihr aus voller Überzeugung.
»Wo ist bei dir die positive Einstellung des angeborenen Abenteuerdrangs zur Entdeckung von Neuland geblieben?«, fragte mich Clara.
»Welche Entdeckung von welchem Neuland meinst du?«, fragte ich vorsichtig zurück.
»Die Entdeckung des Abenteuers der Mithilfe im Haushalt und des positiven Erfolgserlebnisses, sich dadurch auch noch Bewegung verschafft und am Ende der Reinigungsaufgaben überdies eine zufriedene Ehefrau zu haben!«, argumentierte Clara in einem Tonfall, den ich so gar nicht an ihr leiden konnte.
»Bist du etwa unzufrieden? Oder bekommst du deine Tage? Nein, sag jetzt nicht, dass du schon in den Launen der Wechseljahre bist!«, provozierte ich. »Und dass ich im Haushalt nicht mithelfen würde, kannst du nicht ernsthaft behaupten. Als ich letztens meine schwere Männergrippe hatte und dem Tode geweiht war, habe ich dir zuliebe den Teppich im Wohnzimmer gesaugt! Und das war meinem Heilungsprozess bestimmt nicht dienlich.«
»Damit du etwas von deinem Rennen mitbekommst und dich trotzdem aktiv beteiligen kannst, schlage ich vor, du arbeitest im Wohnzimmer, wischst die Schränke aus, saugst und putzt die Fenster«, war der ziemlich unmissverständliche Vorschlag meiner Frau.

»Aber so lange geht das Rennen nicht mehr«, erwiderte ich.
»Umso besser! Dann kannst du dich voll deinen Aufgaben widmen«, flötete es bereits aus der Küche.
Mit dem Wischlappen bewaffnet, kam Clara noch einmal in die Stube, um mir zu erzählen, dass sie das Bad, die Küche, den Flur, das Schlafzimmer und Bens Höhle reinigen müsse.
»Ich lasse dich gerne bei der Vielzahl der Aufgaben gewinnen«, erwiderte ich kleinlaut.
»Herr Hartmann, lass Taten folgen!«, hörte ich sie noch auf dem Weg ins Bad sagen.
Während ich die Schränke ausräumte, um die Böden auszuwischen, rief Clara aus dem Bad:
»Wie oft habe ich euch schon gesagt, dass ihr die Zahnpastatube von unten nach oben drücken sollt? Ist es denn so schwer, sich das zu merken?«, wütete sie vor sich hin. Es ging aber noch weiter. »Wenn ich in das Waschbecken sehe, könnte ich austicken. Das ganze Waschbecken voll mit Haarstoppeln vom Rasieren. Kannst du nicht wenigstens nach der Rasur das Waschbecken sauber machen?«, wurde Clara langsam zur Furie.
Mist, fluchte ich innerlich, immer wieder hatten wir diese Diskussionen um die Bartstoppeln und immer wieder vergaß ich, diese aus dem Waschbecken zu entfernen.
Warum ist das bei uns Männern so, fragte ich mich beim Reinigen der Schrankböden? Ich versuchte mir einzureden, dass der Mann sich ursprünglich im Freien rasiert hatte und es daher keine angeborenen Gene geben konnte, die einen wie selbstverständlich dazu veranlassten, am Ende der Rasur Bartstoppeln aus dem Waschbecken zu klauben. Sicherlich ist das so eine »Freud'sche Fehlleistung« im Denksystem des Mannes. Aber dafür musste Clara doch Verständnis haben, schließlich war *sie* ja die Pädagogin. Kaum hatte ich für mich eine plausibel klingende Erklärung für die Bartstoppeln im Waschbecken, da hörte ich sie erneut fluchen:

»Warum müsst ihr Kerle eure Wäsche immer da liegen lassen, wo ihr sie ausgezogen habt? Ist es denn zu viel verlangt, die Wäsche getrennt nach Weißem und Buntem in die Wäschebox zu legen?«
Ihre Fragen hörten mal wieder nicht auf.
»Wenn ihr es schon geschafft habt, die Wäsche bis zur Box zu bringen, warum könnt ihr sie dann nicht in die Wäschebox schmeißen, sondern müsst sie davor ablegen?«
Wenn ich ihr jetzt geantwortet hätte, dass es für uns Männer immer so schwer sei, die Wäsche nach den zu waschenden Farben zu sortieren, hätte diese Zeterrunde kein Ende gehabt. So entschloss ich mich, den Fernseher lauter zu machen, um die Kommentare des Reporters besser zu hören, während ich den Staubsauger durch die Stube gleiten ließ.
»Fraaaank!«, hörte ich meinen Putzteufel rufen.
»Jaaaa!«, antwortete ich ihr. »Gibt es Mittagessen? Mein Magen knurrt schon«, rief ich kühn, da ich mich in einer wurfsicheren Entfernung zum Badezimmer befand. Ich war froh, jetzt nicht ihren Gesichtsausdruck sehen zu müssen.
»Du schaffst es immer wieder, mich an solchen Tagen zur Weißglut zu bringen!«, fauchte Clara.
»Ich hatte dir harmonische Stunden auf der Couch und ein schönes Rennen im Fernsehen angeboten, aber du wolltest ja heute putzen«, bot ich Paroli.
Als ob sie mich nicht gehört hätte, setzte sie ihren Redeschwall fort.
»Bedenke bitte beim Reinigen der Stube, dass der Parkettfußboden gewischt und mit dem Spezialmittel gepflegt werden muss! Dein Essen musst du dir heute selber kochen!«, war die Antwort auf meine Frage.
Während ich mir überlegte, was ich essen könnte – wir hatten noch eine Dose Eierravioli im Schrank – klingelte das Telefon. Meine Schwiegermutter war am anderen Ende der Leitung.
»Habt ihr Lust, zum Mittagessen zu kommen? Es gibt Rouladen mit Klößen und Rotkohl. Ach, und wenn ihr dann schon mal da seid, Opa bräuchte mal deine Hilfe am Computer.«

Dieser Bitte und der verlockenden Aussicht auf ein gutes Sonntagsessen konnte ich nicht widerstehen. Clara ergab sich hingegen ganz ihrem Schicksal, den Frühjahrsputz zu Ende bringen zu müssen, während ich Opa sofort meine Hilfe angeboten habe.
Gestärkt vom Mittagessen, brachte ich Clara einen kleinen Strauß Gänseblümchen aus unserem Vorgarten und eine Portion von Oma Monis Mittagessen mit, erledigte noch meine »Hausaufgaben« und saß dann später pünktlich zum »Tatort« mit Clara vereint und dem guten Gefühl der Frische des Frühjahrsputzes auf dem Sofa.

Mein Bedarf an Abenteuern zur Entdeckung von Neuland war auch genügend gedeckt.

Der Gesundheitscheck

Mit der Reife der Jahre bringen auch die Besuche bei den Fachärzten so manches skurrile Erlebnis mit sich.
Ein neues Quartal brach an und ich bekam von Frau Dr. Wohlspitz wieder etliche Überweisungen zugesendet – mit dem Hinweis, diese doch bitte alle »abzuarbeiten«. Leider hatte sie vergessen, mich für diese Mammutaufgabe mindestens drei Wochen krankzuschreiben.
»Wir müssen auch noch den großen Gesundheitscheck, der alle zwei Jahre fällig ist, durchführen. Bitte vereinbaren Sie mit uns einen Termin!«, hatte meine Hausärztin überdies auf einen Notizzettel geschrieben.
Ich rief gleich am nächsten Morgen in der Praxis von Frau Dr. Wohlspitz an, um mich zu erkundigen, ob das wirklich notwendig sei?
»Um es in Ihrer Sprache zu sagen«, erklärte mir Schwester Antje, »jedes Auto, das lange halten soll, muss gepflegt und gewartet werden. Um überprüfen zu können, dass noch alles am Auto funktionsfähig ist, wird alle zwei Jahre der TÜV gemacht. Nur so kann man gewährleisten, dass der Wagen auf Dauer ein attraktiver, fahrtüchtiger Oldtimer wird. Und da Sie,

Herr Hartmann kurz vor dem H auf dem Autokennzeichen sind, wollen wir doch nichts unversucht lassen, Sie in die Oldtimerzone zu bringen.«
Das saß. Mussten Arzthelferinnen immer so gnadenlos direkt sein?
Brav begann ich mit der Abarbeitung meiner Aufgaben und bemühte mich, einen Termin in der Orthopädischen Praxis zu bekommen. Nachdem das Telefon dreimal geklingelt hatte, meldete sich eine freundliche Stimme.
»Herzlich willkommen in der Orthopädischen Gemeinschaftspraxis von Dr. Apex und Dr. Ilium. Wir sind vom Beginn des dritten Quartals bis zum 15. August im Urlaub. In dringenden Fällen können Sie sich an die Praxisvertretung von Frau Dr. Hulle wenden. Wir weisen aber vorsorglich darauf hin, dass es auch hier zu längeren Wartezeiten kommen kann. Frau Dr. Hulle übernimmt für die Gemeinschaftspraxen von Dr. Knabe und Dr. Kehl und das Orthopädische Fachzentrum die Vertretung.
Wir wünschen Ihnen eine angenehme Sommerzeit.«
Schön zu wissen, dass fast alle Orthopäden dieser Stadt einen 45-tägigen Gemeinschaftsurlaub erleben dürfen, dachte ich so bei mir. Also versuchte ich mich an der nächsten Überweisung.
Es handelte sich um eine Überweisung zum Augenarzt. Beim letzten Kontrollbesuch bei meiner Augenärztin, die den fast unglaublichen Namen Pille trug, vor zwei Jahren hatte sich diese in den Ruhestand verabschiedet und mir alles Gute gewünscht. Wenn ich damals gewusst hätte, dass mit den guten Wünschen sicherlich die Suche nach einem neuen Augenarzt gemeint war, hätte ich schon damals mit der Suche begonnen.
Wir haben in unserer Stadt neun niedergelassene Augenärzte. Beim ersten Versuch, einen Termin in irgendeiner dieser Praxen zu bekommen, wurde ich anfänglich noch freundlich begrüßt am Telefon. Da nun der Nachname Hartmann nicht ganz so selten vorkommt, war die Wahrscheinlichkeit, dass irgendein Hartmann bereits in der Praxis Patient war, recht groß. Auf die zweite Nachfrage der Arzthelferin, wann ich denn das letzte Mal in der Praxis gewesen sei, antwortete ich immer wahrheits-

gemäß, dass ich vorher bei Frau Dr. Pille in Behandlung gewesen und dass diese ja nun leider mit ihren 72 Jahren schon in Rente gegangen sei.
»Somit bräuchte ich einen neuen Augenarzt«, sagte ich der Schwester.
In sieben von neun Augenarztpraxen hörte ich immer den gleichen Satz: »Wir nehmen nur Patienten bis 25 Jahre auf. Ansonsten ist die Praxis völlig überlaufen.«
Was für eine Situation! Die Orthopäden auf Gemeinschaftsurlaub, und die Augenärzte schienen nur auf junge Patienten aus zu sein. Das konnte noch heiter werden. Eine Arzthelferin allerdings war mir während meiner zahllosen Telefonate als recht freundlich in Erinnerung geblieben. Ich rief sie also erneut an und änderte meine Taktik in der Terminierung.
»Schönen guten Tag. Ich hätte gern einen erneuten Termin bei Ihrem Augenarzt. Ich bin ja privat ... und würde gern zeitnah einen Termin bei Ihnen ...«, stammelte ich so nuschelnd wie möglich vor mich hin.
»Oh, das hätten Sie doch gleich sagen können«, antwortete die nette Arzthelferin. »Ich sehe gerade: Am Freitag um 9.00 Uhr haben wir noch einen Termin für Sie. Möchten Sie den gleich haben?«
Was für eine Frage? Natürlich nahm ich den Termin gerne und sofort an. Als ich wenige Tage später vor ihr stand und ihr meine OKA-Chipkarte hinlegte, schaute sie mich verwundert an.
»Aber Sie sagten doch am Telefon, Sie seien Privatpatient!«, fauchte die am Telefon so freundliche Arzthelferin mit der niedlichen roten Brille, die ihre Sommersprossen schön zur Geltung brachte, mich an.
»Nein«, entgegnete ich. »Ich sagte, dass ich privat sei, was bedeutete, dass ich privat ganz nett bin, aber auch irgendwann mal einen Augenarzttermin bräuchte. Und da dieser Termin ja nun schon für mich vorgesehen ist, würde ich ihn jetzt auch gerne wahrnehmen.«
»Sie kommen dann aber nicht zu Dr. Schiller, sondern zu einer anderen Augenärztin. Die ist stundenweise bei uns und wird Sie dann behandeln.«
Das war mir auch recht. Auf meine Patientenakte malte die Arzthelferin ein dickes blaues »S«. Wofür das »S« denn stünde, wollte ich von ihr wissen.

»Das steht für ‹schlitzohrige Senioren›«, antwortete die Arzthelferin mit einem Grinsen im Gesicht und mir schien es, als ob nicht nur sie, sondern auch ihre Sommersprossen mich an- oder auslachten. »Alle Patienten über 50 werden bei uns so geführt.«

Nach einer gefühlten Ewigkeit im Wartezimmer kam ich in den Behandlungsraum und musste feststellen, dass sich zu meinem letzten Besuch beim Augenarzt außer den Örtlich- und Räumlichkeiten nichts verändert hatte, denn mir gegenüber saß: Frau Dr. Pille, meine neue, alte behandelnde Augenärztin. Die kassenärztliche Vereinigung hatte die nunmehr 74 Jahre alte Dame wieder aus dem Ruhestand geholt. Die müssen gewusst haben, dass ich dringend eine Augenärztin gebraucht habe.

Danke, liebe kassenärztliche Vereinigung, für diese gute Tat.

Der Besuch beim Urologen lief wie geschmiert

»Legen sie bitte Ihre Chipkarte und Ihre Überweisung auf den Tresen«, begrüßte mich die Arzthelferin meines Urologen. Sie konnte mir beides nicht persönlich abnehmen, da sie – man stelle es sich vor – mit dem Lackieren ihrer Fingernägel beschäftigt war!

Nancy, das war der Name der Kaugummi kauenden und stark lispelnden Arzthelferin, schaute kurz auf und erklärte mir, dass ich die Chipkarte nach der Behandlung wieder zurückbekäme.

Wenig später wurde ich gebeten, mich ins Behandlungszimmer 3 zu begeben, mich auf die Liege zu legen und bereits Hose und Schlüpfer herunterzuziehen. Brav folgte ich Nancys Aufforderung. Es ist schon ein unangenehmes Gefühl, mit nacktem Po und dem Gefühl des Ausgeliefertseins auf einer Behandlungspritsche zu liegen und auf das zu warten, was da wohl kommen mochte. Nach geraumer Zeit kam nicht etwa mein Urologe Dr. Hagenbruch, sondern Nancy mit dem Handy am Ohr und

einem Stück Cremetorte in der Hand ins Behandlungszimmer. Was sollte das werden? Bekam ich jetzt Cremetorte in den Hintern geschmiert, um die Untersuchung geschmeidiger ablaufen zu lassen? Oder war die Torte als Belohnung nach erfolgter Untersuchung gedacht?
Weit gefehlt.
Nancy, deren Fingernägel mittlerweile getrocknet sein mussten, telefonierte mit einem jungen Mann und aß nebenbei genüsslich das Cremekuchenstückchen.
»Voll ätzend hier«, beschrieb sie ihrem Gegenüber den Tagesablauf in der Praxis. »Ach, du musst gar nicht eifersüchtig sein, hier sind immer nur so alte Säcke … Gestern Nacht mit dir, das war so wunderschön. Wenn ich nur daran denke, wird mir schon wieder ganz heiß. Ich stelle mir gerade vor …«
Jetzt reichte es mir. Sollte dieses Telefonat ein Test meines Urologen sein, um die Erektionsfähigkeit von Silver Agern zu überprüfen oder hatte diese Nancy mich einfach nicht bemerkt?
»Ich will ja nicht stören, aber haben Sie vielleicht auch für mich so ein Stück Cremetorte? Sie wissen ja bestimmt, dass gutes Essen der Orgasmus der alten Säcke ist?«, begründete ich meine Bitte.
Sichtlich verstört beendete Nancy den Dialog mit ihrem Handypartner. In dem Moment kam Dr. Hagenbruch herein und wunderte sich über den mit Creme verschmierten Teller auf seinem Schreibtisch. Bevor er fragen konnte, erklärte Nancy ihrem Chef, dass der Patient Hunger gehabt hatte und sie so nett gewesen sei, ihm etwas von der Cremetorte abzugeben, welche die Mitarbeiter der Praxis geschenkt bekommen hatten.
Mein Mund klappte auf und wieder zu, denn Nancy hatte sich blitzschnell zu mir umgedreht und mir leise ins Ohr geflüstert:
»Denken Sie an die zukünftigen laaaangen Wartezeiten, falls Sie etwas Falsches sagen wollen.«
»Nett, die neue Arzthelferin«, freute sich Dr. Hagenbruch. »Und sexy aussehen tut sie auch noch. Es ist ja heute so schwer, gutes und freundliches Personal zu finden.«

Das mit dem freundlichen Personal schien in den versorgenden und pflegenden Berufen wirklich ein Problem zu sein.

Die hilfsbereiten Altenpflegerinnen

Als ich letztens wieder mal zum »Jagen« in einen in der Nähe liegenden Supermarkt ging, kam ich am Altersheim vorbei. Meine Blicke und Gedanken schweiften zu diesem Gebäude und mir fielen die Worte meines Sohnes wieder ein, als wir kurz nach der Eröffnung des Heimes gemeinsam zum Einkaufen gegangen waren.
»Schau mal Papa, da haben die schon deine spätere Bleibe errichtet.«
Als ich auf der Höhe des Eingangsbereiches war, bekam ich mit, wie eine ältere Schwester aus dem Fenster aufgeregt die unten stehenden jungen Pflegerinnen, die kurz vor Antritt ihrer Schicht standen, um Hilfe bat. Eine der Bewohnerinnen hatte sich wohl gerade übergeben und bei einem anderen Bewohner war der Kreislauf instabil. Ich hätte nun erwartet, dass die jungen Pflegerinnen sofort ihre Zigaretten ausmachen würden, um ihrer um Hilfe rufenden Kollegin zur Seite zu stehen. Aber alle Pflegerinnen blieben entspannt im Eingang stehen und rauchten genüsslich weiter.
Als ich nach meinem Einkauf erneut am Eingang des Pflegeheimes vorbei kam, bemerkte ich wieder die Schwestern, die immer noch in ihrer Zivilkleidung vor dem Eingang standen. Jetzt waren sie allerdings mit einem Handy bewaffnet und warteten auf ihren Arbeitsbeginn. Erneut schaute die ältere Altenpflegerin aus dem Fenster und rief ihren Kolleginnen zu:
»Nun kommt endlich hoch und helft mir mal!« Sie schien richtig verzweifelt zu sein.
Im Vorbeigehen hörte ich die jungen Altenpflegerinnen sagen:
»Die hat ja schon einen ganz roten Kopf, die muss unbedingt ruhiger werden. So schafft die ihre Rente nie.«

Zustimmend und wissend nickend schrieben sie entspannt ihre Texte auf den Handys weiter und blieben bis zum Dienstbeginn stehen. Gebannt und fasziniert blieb auch ich stehen, um den weiteren Fortgang der Geschehnisse zu beobachten. Es dauerte nicht lange, da warf ein Bewohner des Pflegeheimes in kurzen Abständen den Inhalt einiger Trinkbecher auf die untenstehenden Pflegekräfte. Schlagartig stoben diese auseinander, um ja nichts abzubekommen.

»Oh Erwin, du sollst deinen Urin in die Toilette schütten und nicht aus dem Fenster!«, riefen die Schwestern dem Bewohner ärgerlich zu.

»Los, lasst uns anfangen, sonst artet das da oben wirklich noch aus! Erwins Alzheimer wird auch immer schlimmer!«, rief eine der Pflegerinnen den anderen zu. Gemeinsam trabten sie Richtung Eingang. Ich wollte gerade weitergehen, da bemerkte ich Erwin, der mir zuwinkte.

»Da war nur Brausepulver drin. Aber so schnell wären die sonst nicht auf die Station gekommen, um Schwester Elke zu helfen.« Er zwinkerte mir zu und verschwand wieder im Inneren.

Das mit dem Älterwerden ist ja so eine Sache

Während sich die einen dem Jugendwahn hin- und der damit gut verdienenden Industrie ergeben, gehen andere mit unermüdlichem Ehrgeiz an ihre persönlichen Grenzen beim Sport.

Ich finde es immer wieder faszinierend, wie eine bestimmte Gattung Silver Ager mit viel zu engen Sportanzügen auf dem Fahrrad sitzt und sich total verausgabt, nur um noch nicht zum alten Eisen zu gehören. Oder nehmen wir die Menschen, die sich mit ihren Walking-Stöcken Kilometer um Kilometer an Waldrand und Feldrain zu schaffen machen. Nicht falsch verstehen: Ich meine nicht jene Menschen, die regelmäßig aktiven Sport betreiben und sich dabei wohl fühlen. Sondern vielmehr jene bedauernswerten Zeitgenossen ab 50, die übersteigert, ja nahezu verzweifelt gegen das Älterwerden ansteuern wollen.

Neulich erzählte mir ein Motorradhändler, dass seine hauptsächliche Käuferschicht aus Männern im gesetzten Alter bestünde, die ihre Jugend zurück haben wollten und sich Motorräder kauften, von denen sie früher nur geträumt haben und die sie noch nie gefahren seien. Denn früher hatte »Mann« als 15-Jähriger vielleicht eine Herkules, Schwalbe oder Mobylette und fühlte sich damit als Held im Jugendclub. Heute nun, im fortgeschrittenen Alter, musste es eine BMW K 1600 GTL sein.
Der Händler erzählte mir weiter, dass viele diese Maschinen gar nicht lange hätten, weil sie damit kleinere und mittelschwere Unfälle bauten, da sie die Fahrzeuge nicht beherrschten. Sich dies aber einzugestehen, fiele den meisten sehr schwer.
Letztens meinte der Moderator eines bekannten Thüringer Radiosenders, dass man mit 40 im »Sommer des Lebens« angekommen sei. Welche Jahreszeit ist dann uns 50plus-Menschen zugedacht? Ist es der Spätsommer? Oder doch schon der Herbst? Je länger ich über die Frage nachdachte, desto mehr kam ich zu dem Schluss, dass es zumindest im privaten Umfeld eines reifen Fünfzigers nur der Spätsommer mit seinen vielen sonnigen Tagen, reifen Früchten und den genussvollen Stunden sein konnte.
Beruflich kommen dann wohl eher die Jahreszeiten Herbst oder Winter in Frage. Vielen reiferen Menschen wird im Beruf das Leben schwer gemacht. Und nicht ganz so wenige Manager-Youngtimer haben ein Hobby daraus entwickelt, sich auf den Afterwork-Partys gegenseitig zu erzählen, wie sie die »Oldies« aus den Betrieben gekickt haben. In den einschlägigen Managermagazinen kann man immer wieder in unterschiedlichen Artikeln lesen, wie man sich von den »Altlasten« befreien kann. Anwälte geben Ratschläge, wie man das »Seniorenteam« outsourced, ohne Abfindungen zahlen zu müssen.
Ganz sportlich!

Die berufliche Reife

Vor ein paar Monaten saß eine Frau vor mir, die ich aus dem Schalterbereich einer volksnahen Bank kannte. Sie erzählte mir, dass sie zum 50. Geburtstag von der Direktion – im Kreise des Kollegiums – einen Blumenstrauß bekommen hatte und am Ende des Tages zu einem Gespräch mit der Geschäftsleitung gebeten worden war.

»Frau Hornbostel, wir alle schätzen Ihr Engagement, das Sie in den vergangenen 22 Jahren im Schalterbereich unserer Bank gezeigt haben. Perspektivisch werden wir den Schalterbreich mehr und mehr automatisieren und Personal abbauen. Die Kunden von heute sind schnelllebiger und wollen zügig ihre Bankgeschäfte erledigen oder ihr Geld abheben. Am liebsten tätigen sie ihre Bankgeschäfte an den Terminals oder online. Auf eine persönliche Betreuung durch unsere Mitarbeiter legt die Kundschaft von heute keinen Wert mehr. Wir wollen den Schalterbreich modernisieren und deutlich verjüngen, damit wir die Kundschaft von Morgen ansprechen. Mit dieser Maßnahme wollen wir langfristig konkurrenzfähig bleiben. In diesem Zusammenhang möchten wir Ihnen anbieten, in die Registraturabteilung im zweiten Untergeschoss unseres Hauses zu wechseln, damit wir den jungen Kollegen die Möglichkeit geben können, im »Young-Fashion«-Programm unserer Bank Erfahrungen zu sammeln. Sie werden sicherlich mit uns konform gehen, dass Sie mit Ihrer Erfahrung und Ihrem Alter nicht mehr in das Programm für die moderne Kundschaft von heute passen?«

Damit nicht genug, fuhr der Bankdirektor hinter vorgehaltener Hand leise fort:

»Mal ehrlich, Hornbostelchen«, scherzte er, »als Sie einer meiner vielen Vorgänger vor 22 Jahren eingestellt hat, haben Sie mit Sicherheit auch 30 Kilo weniger gewogen und Ihr Teint war rein wie Rosenholz. Sehen Sie es als Chance an, Sie müssen keine engen Mieder mehr anziehen, die Ihre Pfunde verstecken. Das neue Bankkonzept sieht vor, dass die Counter-Dealer eine Kleiderordnung in den Farben unserer Bank bekommen. Unter anderem gibt es eine Empfehlung, dass die weiblichen

Mitarbeiter Strumpfhosen bis maximal 10den tragen dürfen. Stellen Sie sich mal vor, Sie müssten Ihre Krampfadern der Kundschaft zur Schau stellen. Das wollen wir doch beide nicht, und deshalb will ich Sie mit der Versetzung in die Registratur nur schützen. Schließlich haben wir als volkstümliche Bank auch eine Verantwortung gegenüber unseren Mitarbeitern.« Dabei lächelte er mild und zog seine Krawatte über die Mitte seines Wohlstands-Bankerbauchs.
Meine Kundin stellte dem Bankdirektor nur eine Frage.
»Kommen Sie auch mit in die Registratur?«
Es folgte ein langer Prozess vor dem Arbeitsgericht, und meine Kundin bekam schlussendlich bis zu ihrem 52. Lebensjahr ihr monatliches Gehalt weiter gezahlt und eine Abfindung im sechsstelligem Bereich als Einmalzahlung. Davon kaufte sie sich bei mir ein neues Auto, zahlte den Umbau ihres Hauses, entsorgte den Ehemann, der ihr immer unterschwellig zu verstehen gegeben hatte, dass er glaube, sie sei ein bisschen mit schuld an der Kündigung bzw. »Strafversetzung«.
Sie wurde beruflich entsorgt – und hat dann in ihrem Privatleben aufgeräumt. Heute arbeitet sie, weit unter ihrer Qualifikation, in einem Call-Center. Sie ist privat dafür sehr glücklich und hofft, die beruflichen Spätherbstjahre bald hinter sich lassen zu können.
In anderen Branchen hat man die Oldtimer wieder neu entdeckt.
Händeringend suchen Headhunter nach Mitarbeitern mit Erfahrung, Qualifikation, hoher Belastbarkeit, Flexibilität und Einfühlungsvermögen, Loyalität und Weitblick.
Ich glaube, dass viele Youngtimer in ihrer Funktion als Personalmanager, Abteilungsleiter oder Jungunternehmer sich selber die Chance nehmen, von dem Erfahrungsschatz der »Herbstlese« zu profitieren, um daraus einen Cocktail aus Frühernte, Sommerfrische und reifen Früchten zu kreieren.

Und immer lockt das Weib

Da war er nun, der 50. Geburtstag.
Ein ganz besonderes Fest!
Für wen?

Feiern wir den 50. Geburtstag, um uns darüber klar zu werden, dass wir auf der Zielgeraden zum Rentenalter angelangt sind?
Komm Frank, du hast es bald geschafft!
Hopp hopp hopp, nur noch 17 Jahre bis zur Rente.
Jetzt, wo ich mit einem enormen Fundus an beruflichem Fachwissen an den täglichen Start gehe und über eine gesunde Portion an Lebensweisheit verfüge, jetzt soll ich *nur* noch auf der Zielgeraden Richtung Rentner-Dasein laufen? War das bisher Geschaffene schon alles, was man vom Leben erwarten durfte?
Die Frage, ob das nun schon alles war, treibt die meisten Männer um die 50 um. Wie verlockend ist es da, sich Frauen, die ihre Töchter sein könnten, zur Geliebten zu nehmen. So geschah es einem meiner Freunde, der als Aufsichtsratsvorsitzender einer großen Energiegesellschaft tätig ist.

Vor zwei Jahren bekam er vom Personalbüro eine neue, sehr attraktive Vorzimmerdame als persönliche Referentin und Sekretärin zugeteilt. Es war nicht zu übersehen, dass Klaus, mein besagter Freund, fachlich und auch optisch von Victoria Schaller angetan war. Sie hatte lange, lockige braune Haare, die ihr schmales Gesicht umrahmten, und eine Figur wie ein Model. Bei jedem unserer Treffen erzählte er von den Vorzügen, die Frau Schaller hätte. Seine Frau Vera tat das immer mit einem Lächeln ab und fragte ihn scherzhaft, ob er jetzt in der Midlife Crisis angekommen wäre. Vera hatte früher auch lange braune Haare gehabt, die aber im Laufe der Jahre und mit der zunehmenden Rundung ihres Gesichtes immer kürzer geworden waren.

Eines Tages kam Klaus zu mir ins Unternehmen. Es musste etwas passiert sein, ging es mir durch den Kopf. Gab es etwa Ärger mit einer Fahrzeuglieferung oder mit einer Werkstattleistung unseres Hauses? In

all den Jahren unserer kaufmännischen Zusammenarbeit und unserer Freundschaft war Herr Dr. Klaus von Rangsdorf in seiner Funktion als Vorstandsvorsitzender noch nie persönlich in unserer Firma aufgetaucht.
»Frank du musst mir helfen!«, sagte er mit besorgter Miene. »Ich will am kommenden Wochenende zur Energiekonferenz der Konzerngesellschaften nach Nizza fliegen. Dafür habe ich zwei Flüge, eigentlich für Vera und mich, buchen lassen. Da Vera aber mit unserer Tochter die Wohnung malern wollte, habe ich Vicky gefragt, ob sie mich begleiten möchte. Nun haben meine Tochter und Vera den Malertermin verschoben – und Vera würde doch gerne mitfliegen. In meiner Not ist mir nichts Besseres eingefallen als zu sagen, dass ich dir das Flugticket angeboten hätte, da es ja beruflich für dich bestimmt sehr interessant wäre, mehrere Konzernchefs auf einmal kennenzulernen.«
»Danke Klaus«, antwortete ich ihm. »Du bist so gut zu mir. Und jetzt?«, fragte ich ihn.
»Jetzt wäre es sehr nett von dir, wenn du vielleicht an dem besagten Wochenende in dein Wochenendhaus abtauchen könntest, da du ja offiziell mit mir in Nizza sein müsstest. Schön wäre, wenn dich keiner unserer Freunde dort sehen würde.«
»Danke Klaus, es tut immer wieder gut, echte Freunde zu haben. Wer dich als Freund hat, braucht keine Feinde mehr. Wie soll ich das meiner Frau erklären?«
»Gar nicht. Du fährst einfach in dein Wochenendhaus und entspannst dich mal. Das wird dir gut tun.«
Schön, wie Klaus sich um mein Wohlergehen sorgte. Noch nie hatte ich meine Frau in solchen Sachen belogen. Wie sollte ich ihr nur gegenübertreten? Sagte ich ihr die Wahrheit, war ich ein schlechter Freund. Sagte ich nicht die Wahrheit und machte bei dem Lügenspiel mit, war ich ein schlechter Ehemann. Klaus nahm mir die Entscheidung im Vorfeld ab. Als ich abends nach Hause kam, erzählte mir meine Frau, dass heute Nachmittag ein Bote vom Mitteldeutschen Energiekonzern bei uns geklingelt habe, um mir eine Einladung zur Energiekonferenz nach Nizza mit Herrn Dr. Klaus von Rangsdorf zukommen zu lassen.

»Das ist aber sehr nett von deinem Freund, dass er dich auf die Konferenz mitnimmt. Aber was willst du dort?«, fragte Clara zugleich.
Schon steckte ich, obgleich ich noch keine Entscheidung getroffen hatte, wie ich Clara in der Sache gegenübertreten wollte, in dem Lügengeflecht drin.
»Nun, da sind alle Führungskräfte der großen deutschen Energiekonzerne zusammen und ich habe so die Möglichkeit, Kontakte für meine Großkundentätigkeit anzubahnen«, hörte ich mich sagen und war über mein Potenzial beim Erfinden von Lügengeschichten selbst erschrocken. Das leuchtete meiner Frau ein und sie freute sich über die Chance, die Klaus mir eingeräumt hatte.
»Schön, dass du so einen Freund wie Klaus hast.«
Na klar, dachte ich mir.
Am späteren Abend rief Klaus mich an, um zu verkünden, dass er der Glaubwürdigkeit wegen meiner Frau die Einladung zur Reise habe zukommen lassen und diese auch schon mit seiner Frau telefoniert habe.
»Es klappt doch alles wie am Schnürchen«, lachte Klaus selbstherrlich.
»Ja«, antwortete ich. »Sie ist auch von deinem Engagement für meinen beruflichen Erfolg sehr angetan.«
»Aber es kommt noch besser«, fuhr Klaus fort. »Damit Vera nicht so traurig ist, weil sie nun nicht mitfahren kann – schließlich habe ich dir ja die Reise versprochen –, habe ich für deine und meine Frau ganz spontan ein Wellness-Wochenende im Relax Beach Ressort gebucht. So sind die Frauen beschäftigt, und du musst keine Angst haben, dass deine Frau unverhofft in eurem Wochenendhaus auftaucht. Ist das nicht eine geniale Idee?«, lobte sich Klaus selber.
Ja, Klaus, du bist so ein Genie, ging es mir nur durch den Kopf. Schön, dass es meiner und deiner Frau an dem bevorstehenden Wochenende gut gehen wird, du deinen Spaß mit Victoria in Nizza haben wirst, während ich im Innern des Wochenendhauses hocken darf (ohne Licht), damit keiner merkt, dass ich nicht in Nizza bin.
Das Wochenende nahte, Klaus war im siebten Himmel und ich überlegte mir Plan B. Wenn nun doch irgendjemand mitbekommen würde, dass ich in unserem Wochenendhaus war, musste ich eine plausibel

klingende Erklärung haben. Sollte das ganze Vorhaben und unser Lügengerüst zusammenfallen, so wollte ich wenigstens gegenüber meiner Frau, wenngleich der Mittäterschaft überführt, eine nützliche und vielleicht strafmildernde Tat vorweisen können. Ich plante also, unser Wochenendhaus ganz gründlich aufzuräumen und zu putzen. Schon seit Wochen lag mir Clara in den Ohren, dass unsere »Villa Gabi« – so haben wir unser Wochenendhaus vor Jahren getauft – mal von Grund auf gereinigt werden müsse. Immer wieder hörte ich sie sagen: »Frank du müsstest mal aufräumen.«

Das Wochenende brach an. Vera und Clara freuten sich auf das Wellness-Wochenende und Klaus auf seine Vicky und Nizza.

Und worauf freute ich mich?

Gewappnet mit Schrubber und Besen, Lappen und allen möglichen Putzmitteln fuhr ich in den Thüringer Wald zur »Villa Gabi«, um diese innen im neuen Glanze erstrahlen zu lassen. Demütig und reuig putzte ich das gaaaanze Haus.

Danke Klaus! Ohne dich und deinen genialen Einfall wäre unser Haus jetzt nicht so schön sauber.

Am Sonntagabend musste ich Klaus und seine Sekretärin vom Flughafen abholen. Nachdem wir Vicky, die zugegeben schon hübsch, aber auch verdammt jung war, zu Hause abgesetzt hatten, bekam ich ein Briefing, wie Klaus es nannte. Während der kurzen Autofahrt bekam ich alle »Details zur Nizza-Reise«, die ich wissen musste, um mitreden zu können. Klaus schwärmte allerdings mehr von Vicky als von Nizza, was die Angelegenheit ein wenig verkomplizierte. Er beschrieb den Aufenthalt im Hotel (viel mehr wird er von Nizza auch nicht gesehen haben) in einer für ihn ungewöhnlichen Art. Alles schien rosarot gewesen zu sein! Kurz vor seinem Haus fiel Klaus wieder ein, dass ich ja ebenfalls – wie auch immer – ein Wochenende verbracht hatte, und er fragte mich großmütig, ob mir die Ruhe denn auch gut getan hätte. Kurz antwortete ich nur: »Es war eine innere Reinigung.«

»Das freut mich, wenn es dir gut getan hat«, waren Klaus' letzte Worte, bevor Vera und Clara uns die Tür öffneten.

»Na, ihr Ausflügler, erzählt mal! Wie es war es denn?«, fing Clara erwartungsvoll an, uns auszufragen. Routiniert wiegelte Klaus das relativ schnell ab, indem er darauf verwies, dass es eine sehr anstrengende Reise mit vielen positiven Gesprächen und Begegnungen, aber wenig Zeit für Kultur gewesen sei und wir jetzt sehr müde von der Reise wären.
Auf dem Heimweg erzählte mir Clara, wie schön ihr Wellness-Wochenende gewesen sei und wie tiefenentspannt sie jetzt in die neue Woche gehen könne. Und so energiegeladen wie sie grad war, sprudelte der Tatendrang in freudigen Worten über ihre Lippen: Jetzt, wo sie so ausgeruht sei, würde sie am Mittwoch- und Donnerstagnachmittag gern in unser Wochenendhaus fahren, um mal so eine richtige Grundreinigung vorzunehmen – und endlich mal aufzuräumen. Mir blieben alle Worte im Halse stecken. Hatte sie etwas bemerkt? Hatte sie irgendjemand angerufen oder hatte sie mir eventuell nachspioniert? Wie sollte ich jetzt darauf reagieren? Man muss auch mal pokern können, entschloss ich mich und kommentierte diesen Vorschlag nicht. Monate später erzählte eine Freundin meiner Frau in meinem Beisein, dass ihr Mann einem seiner Freunde ein Alibi für das Fremdgehen ermöglicht hatte und sie nicht wisse, wie sie sich verhalten solle, worauf meine Clara nur antwortete: »Also, ich würde Frank zur Strafe unser Haus putzen lassen«, und zwinkerte mir zu. Wie sie das wohl gemeint hat?

Mit Zwillingen und Jutesack

Meinen Freund Volker kenne ich im Grunde als loyalen und absolut verlässlichen Zeitgenossen. Immerhin ist er als Strafverteidiger in unserer Stadt zugelassen und leitet eine erfolgreiche große Kanzlei. Jedoch erwischte der zweite Frühling mit all seinen Begleiterscheinungen auch ihn, fast zeitgleich mit meinem Freund Klaus. Als Volker eine neue Rechtsanwaltsfachangestellte von einer anderen Kanzlei abwarb und in seiner Kanzlei einstellte, nahmen die Dinge ihren Lauf.
Nicht nur die Arbeit der neuen jungen Kollegin überzeugte Volker, auch ihre weiblichen Reize ließen ihn nicht zur Ruhe kommen, wenngleich ihr Modeverständnis einen eher »Ökologisch wertvoll und biologisch abbaubar«-Eindruck hinterließ. Dennoch sendete sie starke weibliche Signale an die Männerwelt. Stellen Sie sich einfach einen weiblichen Jutesack mit knallrotem Nagellack und Lippenstift vor.
Nachdem seine beiden Töchter aus dem Haus und mit ihrem eigenen Leben beschäftigt waren und seine Frau sich für ein Entwicklungsprojekt ihrer Firma für ein Jahr nach Nordafrika verabschiedet hatte, stellte er sich immer wieder die Frage, ob »Mann« mit 50 Jahren schon zum alten Eisen zählte. Und diese Frage schien er sich nun in einem Selbstversuch zu beantworten. Volker versuchte alles, um der neuen Mitarbeiterin nicht nur als Chef, sondern auch als Mann zu gefallen. War er früher immer privat wie auch vor Gericht in den besten Anzügen erschienen, so trug er jetzt »der Aura wegen« Jutehosen und Baumwollhemden. Verlebten wir früher schöne Abende mit einem guten Rotwein auf der Terrasse, so war Volker fortan in den Szenekneipen und Nachtclubs unserer Stadt zu entdecken. Jedem Mittelalterfest und jeder alternativen Szeneparty unserer Stadt wohnte Volker fortan bei.

Es tat schon ein klein wenig weh, mit ansehen zu müssen, wie ihn die Liebe erblinden ließ. Allerdings gab es scheinbar auch keine Methode, seine »Sehkraft« wiederherzustellen. Und ein Beamer existierte auch nicht, der ihn von seiner peinlich-rosaroten Wolke zurück in die Normalität seines Lebens hätte beamen können. Volker entdeckte sich neu. Er lebte fortan nach Pippi Langstrumpfs Motto »Ich mach' mir die Welt, wie sie mir gefällt!«

Bis zu dem Tag, als ihm seine Jutefreundin eröffnete, dass er noch einmal Papa werden würde! Und da ihre Liebe zu ihm so groß sei, schenke sie ihm auch gleich zwei Kinder. Volker wurde also mit 51 Jahren Papa von Zwillingen. Wenige Tage später erfuhr er von seiner großen Tochter, dass auch sie schwanger sei und ihn jetzt zum Opa machte.

Kurioserweise haben seine Tochter und seine Geliebte Zimmer an Zimmer in unserem Stadtkrankenhaus gelegen und fast zeitgleich ihre Kinder bekommen. Nicht jeder ist in der komfortablen Situation, mit 51 Jahren Papa von Zwillingen und gleichzeitig Opa zu werden.

Herzlichen Glückwunsch!

Jetzt schiebt er den Zwillingswagen in den Parks unserer Stadt spazieren und murmelt nebenbei seine Plädoyers für den nächsten Gerichtstermin vor sich hin.

Wenn ich Volker so sehe und ihn in seiner neuen Rolle erlebe, bin ich mir nicht mehr sicher, ob er mir Leid tut, weil er sich neben seinem Fulltime-Job mit der Betreuung von bis zu drei kleinen Babys und dem Kampf um das richtige Essen (laktosefrei und mit Tofu) herumschlagen muss oder ob ich ihn wegen seiner scheinbaren Gelassenheit bewundern soll.

Günni und seine Olga von der Wolga

Etwas weniger auf der rosaroten Wolke von Zweisamkeit und Partnerglück lebte mein früherer Arbeitskollege Günther. Als junger Mann hatte er viele Jahre eine Lebensgefährtin gehabt, die aber nie den Bund der Ehe mit ihm eingehen wollte.

Während Günni zielstrebig und ehrgeizig seine Karriere als Automobilmanager verfolgte, war seine damalige Lebensgefährtin als Steuerfachexpertin europaweit unterwegs. Beide führten ein Luxusleben auf Zeit. Sie trafen sich in regelmäßigen Abständen in den besten Hotels in Europa und jeder baute für sich an seiner jeweiligen beruflichen Karriere. Dabei müssen die Liebe und der Wunsch nach einer familiären Bindung auf der Strecke geblieben sein.

Im Laufe seines Lebens führte Günther immer wieder lose Beziehungen mit Frauen, die seinem beruflichen Status rein optisch entgegen kamen, die aber nie von Dauer waren.

Die letzten 15 Jahre hatte Günni allein und sehr zurückgezogen in der Familienvilla seiner 92 Jahre alten Mutter gelebt, um die er sich liebevoll kümmerte. Wenn er nicht in seiner Managerkluft unterwegs war, hatte Mama bei der Auswahl der Kleidung für den »kleinen Günni« immer noch ein Wörtchen mitzureden.

Günther lebte an sich und mit sich sehr bescheiden. Vor ein paar Jahren traf ich ihn zufällig beim Metzger. Er kaufte gerade 100 Gramm Gehacktes und musste mir gegenüber unbedingt erwähnen, dass diese Menge für die *ganze* Woche reichen würde.

»In welcher Zahnlücke versteckst du das Gehackte dann?«, fragte ich ihn.
»20 Gramm schmiere ich mir heute Abend auf mein Brot und die verbleibenden 80 Gramm portioniere ich zu kleinen Hackbällchen und lasse sie braten. So haben Mama und ich fünf Tage etwas zum Essen.«
Tja, das Sparen lernt man nur von den Reichen – Günni war der beste Beweis dafür.

Kurz vor seinem 50. Geburtstag hatte Günther das Alleinsein satt. Über die Jahre hatte er es verlernt, Frauen anzusprechen oder sie für seine Person zu gewinnen. Nun ist es auch schwer, einen Partner in der Reifephase seines Lebens, also »um die 50« (!), zu finden. Geht man in Discos, besteht die Gefahr, dass man am Eingang schon gefragt wird, ob das Altersheim denn Ausgang hat. Eine Chance, auf diesem Wege eine passende Herzensdame zu finden, bestand hier nicht wirklich. Die überall bekannten Ü40- oder Ü30-Partys boten da schon mehr Möglichkeiten. Wenn Günni zu dieser Art von Partys ging, hatte er immer eine Cordhose, ein kariertes Flanellhemd und einen Pullunder an. Die Erfolgsrate lässt sich leicht ausrechnen. Überdies hatte Günni die paar Haare, die noch auf seinem Kopf sprossen, an diesen Abenden fein säuberlich gegelt von der linken Seite auf die rechte Seite des Kopfes drapiert. Einzigartig! Er ging ja auch beharrlich seit 35 Jahren zum gleichen Friseur. Vor Kurzem jedoch musste er wechseln – sein bisheriger, gewohnter Friseur war in Rente gegangen.

Eine echte Perle, der Günni. Aber manchmal bleiben Perlen auch in ihren Muscheln. Günni blieb bei Mutti in der Familienvilla am Rande der Stadt. Das konnte so nicht weitergehen. Günni holte sich professionelle Hilfe. Ein Ehe-Institut schien da eine faire Chance zu sein. Die große Liebe des Lebens sollte ihm eine Firma bescheren, die sich auf Damen aus Osteuropa spezialisiert hatte. Elena, die Chefin des Eheinstitutes konnte unseren Günni davon überzeugen, dass sie die richtige Partnerin für ihn finden würde. Immer wieder musste er nun auf »dringende Geschäftsreisen«, wie er seiner Mutter und der Haushälterin versicherte. Startete Günther immer erwartungsvoll zu den Reisen nach Minsk, Moskau oder Nowosibirsk, so kam er enttäuscht und niedergeschlagen von seiner Brautschau zurück. Magdalena, die Haushaltshilfe aus Gliwice, die seit zehn Jahren für ihn und seine Mutter kochte und den Haushalt auf Vordermann brachte, erzählte uns immer:

»Reisen zu Frauen nach Russland nicht gut für Herrn Potthoff. Günni immer so traurig, wenn er zurückkommt von Brautschau.« Dabei schaute sie immer besorgt vor sich hin.

Hatten Günni und ich uns sonst alle 14 Tage zu einer guten Schachpartie, einem fruchtigen Rotwein und langen Gesprächen über Neuheiten in der Automobilindustrie getroffen, so stand seit Wochen nur noch das Thema »Brautschau« im Vordergrund. Magdalena versorgte uns immer liebevoll mit kleinen Speisen und Knabbereien während unserer Treffen in Günnis Villa.

»Sag mal Günni, warum musst du in der Ferne nach liebevollen, hübschen Damen suchen, wenn du doch Magdalena bereits im Haus hast?«, fragte ich Günther. »Sie ist attraktiv, mit schönen fraulichen Rundungen und ihr zartes Gesicht strahlt dich immer mit einem Lächeln an. Und sie hat stets so eine nette Art, dich zu umsorgen. Wie ich dich Knauser kenne, arbeitet sie bei dir für einen Hungerlohn. Dabei bietet sie dir alles, was man sich wünschen kann, das reinste Wohlfühlpaket! Und dann auch noch das leckere Essen. Mal ganz davon abgesehen, dass sie bildhübsch ist«, schwärmte ich vor mich hin, bevor ich meinen Läufer auf Feld H7 setzte.

»Ach, Magda will aus mir immer so einen Mode-Mann machen«, erklärte er nur kurz, bevor er meinen Zug erwiderte. »Letztens hat sie mir einen Schal gekauft, den sollte ich so locker um den Hals tragen, obwohl ich gar keine Halsschmerzen hatte«, verteidigte sich Günni erfolglos weiter. Einige Tage später erhielt er von Elena eine Offerte, nach Ulyanovsk zu reisen. Dort habe eine blonde Dame Anfang 30 und von Beruf Managerin eines Autohauses Interesse an seiner Person bekundet. Sie würde ihn gern kennenlernen. Kurzentschlossen ließ Günther all seine Termine umbuchen und reiste in die Stadt an der Wolga.

Olga Miller, deren Vorfahren irgendwann deutscher Abstammung gewesen waren, studierte Betriebswirtschaft in Moskau und leitete in Ulyanovsk ein Automobilcenter einer deutschen Automarke mit Stern. Die Voraussetzungen waren hervorragend. Beide hatten sofort ein Gesprächsthema, und Olgas Deutschkenntnisse konnten sich auch hören lassen.

»Mein Name ist Olga und ich Interesse, dich kennenzulernen«, waren ihre ausreichenden Begrüßungsworte.

Mein Ex-Kollege Günther war auf Anhieb von »seiner Olga« begeistert. Die Stadt Ulyanovsk, die an einem Nebenarm der Wolga liegt und mit ihren knapp 610.000 Einwohnern ein charmantes russisches Großstadtflair verströmte, und Olgas Anwesenheit verzauberten ihn. Allabendlich gingen sie essen, besuchten Konzerte, er begleitete sie zu Empfängen oder sie fuhren in nahegelegene Hotels.

Völlig verändert kam Günni dieses Mal von seiner Reise wieder nach Hause. Glückselig ließ er ein Zimmer für Olga herrichten. Dafür gab er Magdalena extra Geld, um die Wände noch frisch streichen zu lassen. In den Wochen nach seiner Rückkehr arbeitete er so viel, als wolle er anschließend einen mehrmonatigen Urlaub machen.

Unser Schachabend stand wieder einmal vor der Tür. Gutgelaunt fuhr ich zu Günnis Villa. Doch dieses Mal war das Schachbrett nicht aufgebaut! Stattdessen empfing mich der Tisch festlich zum Essen gedeckt. Magda servierte eine Zupa Makaronowa, als Hauptspeise trug sie schlesische Klöße mit Rotkraut und köstlich duftendem Braten auf.

»Frank, könntest du am Mittwoch mein Fahrer sein, wenn ich Olga vom Flughafen abhole«, bat mich Günther plötzlich.

»Aber du hast doch deinen Phaeton? Mit dem konntest du doch bisher sehr gut alleine fahren. Hast du es nötig, vor ihr so anzugeben«, fragte ich ihn.

»Nein, aber ich bin so aufgeregt! Und deswegen möchte ich dich bitten, die Fahrt vom Flughafen zu mir nach Hause zu übernehmen. Außerdem lernst du sie dann gleich kennen … und kannst mir deine Meinung zu ihr sagen«, beschwor mich Günni, seiner Bitte nachzukommen.

Wenn Günther sich schon in Unkosten gestürzt hatte, um mir so ein Essen kredenzen zu lassen, musste ich dem wohl zustimmen. Außerdem war ich sehr neugierig.

Der große Tag von Olgas Anreise war gekommen. Gegen 11.00 Uhr stand Günther in der Ankunftshalle unseres Flughafens und wartete auf seine Olga von der Wolga. Magdalenas Modetipps hatte er natürlich wieder nicht beherzigt und war in seiner »guten Cordhose« und dem karierten Flanellhemd erschienen. Und ja, auch der Pullunder schmiegte sich an das flauschige Karo seines Hemds. Das »Günni-Outfit« war komplett.

Olgas Begrüßung fiel ein wenig unterkühlt aus. Mit leicht irritiertem Blick bemerkte sie, dass er ihr nicht gesagt hätte, dass er Landwirt sei.

»Landwirt? Wie kommst du denn darauf?«, fragte Günther, offenbar ahnungslos.

»Bei uns in Magazin alte deutsche Landwirte mit Mode wie du trägst werden abgebildet. Lass uns fahren in Modehaus und für dich kaufen modische Sachen. Oder willst du etwa nicht mit mir ausgehen?«, fragte Olga Miller missmutig-fordernd.

Olga Miller! Was für eine Frau: 1,78 m groß, davon mindestens 1,20 m für die Beinlänge! Elegant gekleidet war sie, die Fransen ihres Escada-Handtäschchens schienen irritierenderweise Ton in Ton auf ihre blonde Lockenpracht abgestimmt zu sein.

»Wenn Sie nicht sind Fahrer, sondern Freund von Günni, warum Sie ihm nicht sagen, dass er nicht herumlaufen soll wie Bauer auf Feld?«, waren Olgas unmissverständliche Begrüßungsworte an mich.

Auf der Fahrt zum Mitteldeutschen Einkaufstempel am Rande der Stadt erzählte Olga uns, dass russische Frauen ein großes ästhetisches Grundempfinden hätten und immer sehr modebewusst seien und nur mit ebensolchen Partnern durch die Stadt gingen. Das ließ ja hoffen, dachte ich so bei mir, während Günther seine Olga unentwegt anhimmelte. Und dann entschwanden die beiden in der nächstgelegenen Boutique. Ich suchte mir währenddessen ein freies Plätzchen im, zu dieser Tageszeit wie immer fast überfüllten, italienischen Café. Nach drei Cappuccini, einer Lasagne und dem Lesen der Tageszeitung – MIT Beilage und Lösen aller in der Zeitung befindlichen Rätsel! – kamen Olga und Günther angeschlendert. Bepackt mit unzähligen Tüten und Päckchen, konnten wir endlich die Fahrt zur Villa Potthoff antreten.

Ich half Günther noch, das viele Gepäck und die Massen an Tüten ins Haus zu tragen. Magda öffnete die Tür – und schon war dicke Luft. Man merkte sofort, dass ein Zickenkrieg bevorstand.

»Alter Junge, ich wünsche dir viel Spaß mit deiner Olga von der Wolga. – Du siehst so blass aus! Wie viel musstest du denn im Einkaufscenter bezahlen?«, fragte ich Günther mit ein bisschen Schadenfreude im Unterton.

»Wäre meine Kreditkarte aus echtem Gold gewesen, sie wäre geschmolzen, so heiß ist sie gelaufen«, antwortete Günni ein wenig zerknirscht. Zum Abschied konnte ich mir nicht verkneifen ihn darauf hinzuweisen, dass es sich auch unter den Brücken am Fluss sehr gut wohnen lasse. Wer eine Woche lang zu dritt mit 100 Gramm Gehacktem auskommt, für den muss diese Einkaufstour eine Qual der Güteklasse A gewesen sein.

In den nachfolgenden Wochen fiel das Schachspielen mit Günther aus. Olga und Günni bereiteten ihr Zusammenleben in unserer Stadt vor. Nach Olgas drittem Besuch bei Günni erstrahlte die Villa Potthoff im neuen Design. Günnis 92-jährige Mutter wohnte allerdings ab sofort in einer Seniorenresidenz. Magda arbeitete fortan bei Vera und Klaus. Sie – also, vor allem Vera – hatten schon längere Zeit mit dem Gedanken gespielt, sich eine Haushälterin zu nehmen, damit Vera ihren Mann öfters auf Dienstreisen begleiten konnte. Ob Klaus sich da so freute?
Für mich war der Wechsel Magdas von Günni zu Vera und Klaus auch praktisch. So konnte ich die liebgewonnene polnische Küche mit den herrlichen Klößen, den selbstgemachten Piroggi und vielen anderen deliziösen Gerichten weiterhin genießen. Und endlich durfte Magda die Teigtaschen ordentlich mit Gehacktem füllen. Es dauerte nicht lange, und Olga verbot Günni die regelmäßigen Treffen mit seinen Freunden und Bekannten.
»Du musst Verständnis für Olga haben«, entschuldigte Günni, als ich fragte, warum sie unsere Schachabende unterbinden wollte. »Olga liebt Klassik und Kunst. Wir geben jetzt immer mal kleine Konzerte mit jungen Musikern in unserem Foyer und haben regelmäßig eine Vernissage mit den Werken talentierter Newcomer unserer Stadt und von Künstlern aus dem russischsprachigen Gebiet.«
»Und du meinst, dass da so ein Schach- und Rotweinabend stören würde?«, fragte ich Günther.
»Na ja, wenn wir keine Veranstaltungen haben, braucht Olga ihre Ruhe«, versuchte Günni die entfallenen Schachabende zu erklären.
»Ich fand unsere Schachabende nie sehr laut«, entgegnete ich. »Melde dich mal wieder, wenn du frei bekommst oder der Kunst überdrüssig bist«, verabschiedete ich mich ein klein wenig enttäuscht von meinem Ex-Kollegen und jetzt auch Ex-Schachgegner Günni.
Über ein Jahr hörte ich nichts mehr von Günther. Alle Versuche, mit ihm Kontakt aufzunehmen, scheiterten daran, dass er entweder im Ausland unterwegs war oder wichtige Veranstaltungen mit Olga unserem Treffen im Wege standen. Immer wieder schickten wir Einladungen in

die Potthoff-Villa, die aber nie bei Günther ankamen, da ein Kontakt nicht erwünscht war. Erst zur Beerdigung seiner Mutter sahen Clara, Magda und ich unseren Günni wieder. Mager sah er aus. Befremdlich für uns waren sein weißer Anzug und Olgas fast ballartiges Kleid, das sie mit unpassend-überschwänglicher Anmut auf dem Weg zum Grab zur Schau trug.

Einzig Magda schien wirklich von Herzen um die tote Irmgard Potthoff zu trauern. Trotz mancher Spitzen über das polnische Essen und manch kleiner Gehässigkeiten seitens Günnis Mutter, hatte Magda eine ganz eigene emotionale Beziehung zu der alten Dame aufgebaut. Sie war auch die Einzige gewesen, die Günnis Mutter regelmäßig im Altersheim besucht hatte.

Verwundert war ich, dass Günthers Haar in den letzten beiden Jahren auf mysteriöse Weise wieder zu alter voller Pracht gefunden hatte. Während der Trauerrede des Pastors saß ich Günni gegenüber und musste ihn die ganze Zeit anschauen. Ließen Kunst und Klassik die Haare im Alter wieder sprießen? Lag es am Wechsel des Friseurs? Oder hatte Olga gar ein geheimes Wundermittel aus Ulyanovsk mitgebracht? Bei der Umarmung an der Grabstätte vergaß ich glatt, mein Beileid auszusprechen. Stattdessen folgte ich einem unkontrollierbaren inneren Impuls und wollte von Günni wissen, wie er in so kurzer Zeit wieder so volles Haar bekommen konnte. Er umarmte mich und flüsterte mir ins Ohr, dass es eine Haartransplantation in Moskau gewesen sei, die ihm zu dieser Haarfülle verholfen habe. Seine Umarmung ließ aber nicht nach. Er hielt mich ganz fest und flüsterte leise weiter:

»Frank du musst mir helfen. Ich will mal wieder etwas Anständiges essen. Mir steht die russische, vegane Küche bis zum Hals. Ich habe mal wieder Appetit auf Bigos, Piroggen oder auf schlesische Klöße!«

»Wie taktvoll, Herr Hartmann«, säuselte mir Clara ins Ohr, als ich ihr später auf dem Weg Richtung Friedhofsausgang meinen kleinen Fauxpas beichtete.

»Klar, ich hätte ihm mein Beileid bekunden können, aber ich bin mir sicher, dass auch Irmgard Potthoff (hätte sie es gesehen) gerne gewusst hätte, woher die plötzliche Haarpracht ihres Sohnes kam«, rechtfertigte ich mein Verhalten am Grab.

Eine Woche später schickten wir Günther in sein Büro nach Wolfsburg eine Einladung zum Essen – bei uns Hartmanns. Für jenen Tag war in der Villa Potthoff ein russischer Künstlerabend geplant. Günni schaffte es aber, sich loszueisen, denn Olga genoss es mittlerweile, allein die Herrin in seiner Villa zu spielen.
Clara hatte Magda gebeten, für uns an diesem Tag ein Potpourri ihrer polnischen Kochkunst zu zaubern, sagte ihr aber nichts vom bevorstehenden Zusammentreffen mit Günther in unserer Wohnung. Pünktlich zur vereinbarten Essenszeit kam der ebenso ahnungslose Günni. Magda, die nun erkennen musste, dass ihre heimliche Liebe bei uns zu Gast war, zupfte an ihrer Schürze herum, betonte noch einmal ihre vollen Lippen mit einem kräftig-roten Lippenstift und öffnete ihre zusammengesteckten Haare. Ihr blasser Teint und die kräftigen roten Lippen ließen sie wie Schneewittchen erstrahlen. Günther, mittlerweile sehr modebewusst gekleidet, trug ein Sporthemd, einen Schal und eine Daunenweste.

Vor lauter Freude, seine frühere Haushaltshilfe Magda wiederzusehen, beugte sich Günther über den Tisch, um sie in den Arm zu nehmen. Dabei badeten die Weste und die beiden Enden des Schals in der polnischen Vorsuppe.
»Egal«, rief Günni, zog die Weste aus, legte den Schal ab, krempelte die Ärmel hoch und stand plötzlich mit dem Weinglas auf.
»Ich freue mich, heute Abend euer Gast sein zu dürfen. Und Ihnen, liebe Magda, muss ich an dieser Stelle einfach mal sagen, dass ich Sie und Ihr Essen sehr vermisse.«
Magda heftete ihren Blick verlegen auf die Schüsseln mit dem dampfenden Mahl.
Der Abend war neben dem guten Essen auch sonst sehr unterhaltsam. Zumindest für Günni und Magda.
»Was hältst du von einem schönen langen Abendspaziergang, Herr Hartmann«, fragte mich Clara und hielt mir schon die Jacke hin.
»Aber unsere Gäste …«, versuchte ich zu intervenieren.

»Die sind gut unterhalten und genießen bestimmt die Zweisamkeit«, sagte Clara und zeigte in Richtung Wohnungstür.
Als wir vom Spaziergang in den Nachtstunden wieder in unsere Wohnung zurückkamen, fanden wir Magda in der Küche, die sie mittlerweile zum Ausstellungsstück eines Möbelhauses verwandelt hatte. Alles glänzte und blitzte und sah irgendwie … hübscher aus. Schade, dass wir uns jemanden wie Magda nicht leisten konnten, bedauerte ich gerade, als Clara fragte, wo denn Günther abgeblieben sei.
»Herr Potthoff hat fluchtartig das Haus verlassen«, seufzte Magdalena.
»Was ist passiert?«, wollte ich wissen.
»Ich glaube, dass Herr Potthoff bemerkt hat, dass die polnische Küche und die Mädchen aus Polen auch sehr liebenswert sein können, und er hat Angst bekommen, diesen Gedanken zuzulassen.« Dabei schaute sie traurig zum dunklen Küchenfenster, fast ein wenig sehnsuchtsvoll.

Ich fuhr Magda wieder zu »ihrer« Familie, also zu Vera und Klaus, währenddessen kam Günni zurück. Er erzählte uns, dass er sich heute Abend so derart wohl und emotional überwältigt gefühlt habe, dass er irgendwie Panik bekommen hatte und die Flucht ergreifen musste. Als er in seiner Villa eingetroffen war, sah er allerdings Olga, die nackt auf einem Sockel stand und sich von einem russischen Künstler malen ließ.
»Das allein wäre ja gar nicht schlimm gewesen, aber als ich dann beobachtete, wie ein anderer, sehr junger Mann meine Olga von oben bis unten küsste und ich auch noch zwei benutzte Kondome neben dem Sockel fand, habe ich vor Wut getobt.«
Olga, die die Situation gelassen nahm, habe zu ihm nur gesagt:
»Günther, du alter Mann. Du haben zwar viel Geld und du auch lieb zu mir, aber für echte russische Frau du haben einen zu kleinen Dolch. Russische Maler schon deutlich besseren Pinsel haben.«
»Ihr müsst wissen«, erzählte er uns kleinlaut weiter, »dass wir in getrennten Zimmern schlafen und sie immer, wenn ich mit ihr kuscheln will, Migräne hat. Auch ihre Perioden müssen einem anderen, vielleicht russischen Zyklus folgen. Die hat sie nämlich mindestens 3 Mal im Monat.«

»Wie viele Porträts wurden schon von Olga gemalt seit ihr euch kennt?«, wollte ich von Günther wissen.

»Frank, du bist unmöglich und wieder mal total taktlos«, schnauzte mich Clara von der Seite an. »Aber mal ehrlich Günther, wie soll es jetzt weitergehen?«, fragte Clara und bot für heute Nacht unser Gästezimmer an.

»Ich werde für die nächsten Tage in ein Hotel ziehen. Ab der kommenden Woche bin ich für 14 Tage in Detroit zu einer Tagung der Automobilkonzerne und im Anschluss in Genf zur Automesse.«

»Ich an deiner Stelle würde für Olga noch ein paar Flaschen guten russischen Wodka kaufen, die besten Weine aus deinem Weinkeller zurechtlegen und das Gästezimmer für die jungen Maler herrichten, dann müssen die Künstler ihre Pinsel nicht so weit schwingen.«

»Mensch Frank«, unterbrach Clara meinen zynischen Ideenschwall zum Thema Olga. Und zu Günni gewandt fuhr sie fort: »Aber er hat recht. Schmeiß diese Olga aus der Villa und schick sie wieder nach Hause.«

»Das ist nicht so einfach. Ich habe sie als persönliche Referentin bei mir eingestellt und ihr ein Studium der Automobilwirtschaft finanziert, das noch zwei Monate läuft«, murmelte Günther bedauernd. »Als ihr Arbeitgeber habe ich auch eine soziale Verantwortung ihr gegenüber. Wenn ich ihr kündige, verliert sie ihre befristete Aufenthaltsgenehmigung.«

»Na und? Willst du ihr Liebesleben auf deine Kosten noch weiterfinanzieren, ohne einen persönlichen Nutzen zu haben?«, fragte Clara aufgebracht und ich stellte fest, dass sie die Sache netter umschrieben hatte, aber dem Grunde nach das Gleiche meinte.

»Was soll ich denn eurer Meinung nach machen?«, bettelte Günni verzweifelt um eine rettende Idee.

An dieser Stelle muss zwingend festgestellt werden, dass Frauen perfidere Rachegelüste haben als wir Männer es je zu träumen wagen würden.

»Du fährst nach Hause, versteckst das Aktbild deiner Freundin und erzählst ihr – wenn sie dich fragt, wo das Bild geblieben sei – , dass du das Bild zur Versteigerung für einen guten Zweck freigegeben hättest. Das Bild sei an einen Automobilkonzern in Sindelfingen gegangen, der dieses wiederum im Moskauer Autocenter versteigern möchte. Weiter erzählst

du ihr, dass du annimmst, in ihrem Interesse gehandelt zu haben, wenn das Bild in Russland und bei ihrem ehemaligen Arbeitgeber versteigert wird, schließlich hat sie dort einige Jahre erfolgreich als Center-Managerin gearbeitet und der Künstler kommt auch von dort. Somit wäre ihre Reputation in der Öffentlichkeit in ihrem Land geschädigt und Olga hat erst mal genug zu verdauen bei der Vorstellung, ihr Bild in ihrem Land, bei ihrem ehemaligen Arbeitgeber veröffentlicht zu wissen«, breitete Clara mit einem süffisanten Lächeln ihren Plan vor uns aus. »Ganz ruhig erklärst du ihr, dass euer Arbeitsverhältnis zum 1. August gekündigt sei und du sie bittest, dein Haus bis zu dem Datum zu verlassen. Danach stehst du auf und verlässt euren gemeinsamen Wohnort.«
Je mehr sich Clara in ihren Plänen verlor, umso mehr Angst bekam ich – und Respekt zugleich. Mit der Frau sollte man sich nicht anlegen, schoss es mir durch den Kopf. Frauen können ja so gnadenlos rachsüchtig sein.
»Lieber Günni, da du nun gemerkt hast, dass dir die polnische Küche besser schmeckt, sie dir vertrauter ist, du sie unbeschwert genießen kannst und du überdies Magda hoffnungslos verfallen bist, solltest du handeln, und zwar genau *jetzt!* Kämpfe um die wahre Liebe deines Lebens!«, forderte Clara in ihrem nächtlichen Abschlussplädoyer.
Und wundersamerweise folgte unser Günther Claras Kampfstrategie und setzte Olga vor die Tür. Alle russischen Relikte verschwanden so nach und nach aus der Villa Potthoff. Magda und Günni haben die Villa Potthoff liebevoll im polnisch-deutschen Flair und unter Berücksichtigung der traditionsreichen Möbel von Mutter Irmgard umgestaltet und – ja, es klingt wie im Märchen, aber die schönsten und wundersamsten Geschichten schreibt nun mal das Leben selbst! – lebten fortan glücklich und in beiderseitiger Achtsamkeit zusammen. Das Schöne an der Zusammenführung war für mich, dass unsere all-14-tägigen Schachabende wieder auflebten.
Schach Matt, Olga Miller!

Der »Blähboy« und die Beerdigung

Einer unserer lieben Kollegen war im Alter von nur 54 Jahren verstorben. Die Trauerfeier war für 14 Uhr angesetzt. Günther rief an und bat mich, ihn zum Friedhof mitzunehmen, da sein Auto zur Inspektion in der Werkstatt sei.
Auf der Fahrt zur Beerdigung unterhielten wir uns angeregt über den Kollegen und einige gemeinsam erlebte Anekdoten – und wir mussten sogar herzhaft lachen. Günther war von den Angehörigen gebeten worden, eine Rede zu halten. Einige Passagen zum Schmunzeln hätte er in die Trauerrede eingearbeitet, meinte er.
Im Laufe der Fahrt roch es im Auto plötzlich eigenartig. Günni schaute wie beiläufig aus dem Fenster und riet mir, mal meine Klimaanlage überprüfen zu lassen, da er glaube, dass die Gerüche von dort kämen. Als der Geruch jedoch immer penetranter wurde, ließ Günther plötzlich sein Fenster runter und lachte:
»Entschuldige, aber Magda hat heute Bohnensuppe mit Speck und Zwiebeln gekocht. Und die ist einfach zu lecker!« Er gelobte Besserung.
In der Trauerhalle saßen wir hintereinander. Ich hatte mir im Vorfeld überlegt, mich an einen anderen Platz zu setzen, um Günnis »Bohnenausstoß« nicht unmittelbar ausgesetzt zu sein. Dummerweise waren die Sitzplätze in der Trauerhalle mit Namen auf den Stühlen versehen. Gern hätte ich den Platz getauscht. Aber was sollte ich als Begründung sagen? Brav ertrug ich es also, hinter meinem Kumpel Günther zu sitzen und musste während der Trauerfeier öfters mal meine Nase in eine andere Richtung drehen.
Der Moment von Günthers Rede war gekommen und er wurde nach vorne gebeten. Neben dem Verstorbenen hielt er kurz inne, um dann eine liebenswerte und zugleich lustige Rede über die gemeinsame Zeit mit dem Verstorbenen zu halten. Mit seiner Rede vermochte Günni die Trauernden ein wenig zu trösten und zum Schmunzeln zu bringen. Die Sympathie war ganz auf seiner Seite. Als er sich umdrehte, um dem Toten die letzte Ehre zu erweisen und ein paar Blumen auf den Sarg zu legen, entwich nicht nur die Anspannung nach seiner Rede, sondern

auch die Luft aus seinem Bauch. Mit den Worten »Ein letzter Gruß von mir« verabschiedete er sich von unserem Kollegen. Dumm war nur, dass das Mikrofon noch angestellt war und sehr sensibel auf kleinste Nebengeräusche reagierte. Alle Trauergäste mussten lachen, was Günni aber seiner amüsanten Grabrede zuschrieb.

Mit seiner Rede und dem Lacherfolg zufrieden, machte er sich mit uns gemeinsam auf den Weg von der Trauerhalle zum Grab. Immer noch freute er sich, dass die Rede so eine positive Resonanz bei allen Gästen gefunden hatte. Also klärte ich ihn ganz leise auf:
»Du, das war nicht nur die Rede, sondern auch Magdas Bohnensuppe.«
Nach der Trauerfeier kamen einige Kollegen auf Günni zu und verabschiedeten ihn mit den Worten:
»Mache es gut, du Blähboy.«
Auf der Fahrt nach Hause fragte mich Günther sehr zurückhaltend, ob man denn wirklich etwas davon mitbekommen habe, dass er am Sarg Luft abgelassen hätte.
»Sagen wir es mal so«, antwortete ich ihm, »deine Rede war humorvoll und harmonisch. Und mit deinem Abgang und dem letzten Gruß mit den U-Tönen hattest du die Lacher auf deiner Seite!« Wir mussten beide lachen. Und ich konnte mir nicht verkneifen, ihm den Rat zu geben:
»Trauerredner solltest du bei Magdas Küche allerdings nicht werden.«

Das Wahlversprechen

Nicht nur meinem Freund Günni ging hin und wieder die Luft aus. Um bei einer städtischen Behörde im Norden unseres Landes, in der ich in Kürze eine Lesung durchführen wollte, einen Veranstaltungsantrag abzugeben, musste ich in dessen Rathaus. Hierzu musste ich mit dem Fahrstuhl in die 16. Etage dieser Stadtverwaltung fahren. Gut leserlich war zu erkennen, dass sich die Baubehörde, das Jugendamt und die Veranstaltungsbehörde in dieser 16. Etage befanden.

Es ist selten, dass man so einen großen Behördenfahrstuhl für sich alleine hat, dachte ich so bei mir, während ich den 16. Knopf der Fahrstuhlanzeige drücken wollte. Von wegen alleine. In Windeseile betraten zwei Familienväter mit ihren Kindern den Fahrstuhl, die auch in die 16. Etage fahren wollten, um ihren Bauantrag für das neu zu errichtende städtische Familienbauprojekt am Ringelstieg abzugeben. Ein junger Mann mit durchaus gepflegtem Dreitagebart huschte herein, zeitgleich eine vietnamesische Frau mit ihren drei Kindern. Die Tür wollte sich gerade schließen, da quetschten sich noch ein großer Herr mit grauem Haaransatz in sportlich-eleganter Kleidung und eine ältere Dame – mit frischer Kaltwelle in den grauen Locken – hinein, die vor allem durch einen klassischen Nylonbeutel der Sechzigerjahre auffiel.

So eine interessante, gemischte Besetzung im Fahrstuhl lässt einen näher zusammenrücken. Die zwei Familienväter unterhielten sich angeregt, während ihre Kinder den Blickkontakt zu den anderen Kindern der vietnamesischen Mutter suchten. Ich beobachtete die Menschen um mich herum und stellte mir die Frage, welche Kommunikation untereinander aufkäme, wenn der Fahrstuhl jetzt steckenbleiben würde? Wie schnell bemerkt wohl ein Hausmeister im Rathaus, dass wir im Fahrstuhl festsitzen würden?

Während ich so meinen Gedanken nachhing, fielen der grauhaarigen Dame ihre Unterlagen aus dem Nylonbeutel auf den Boden des Fahrstuhls. Der große schlanke Herr, sicher auch 50plus, bückte sich, um ihr beim Aufsammeln zu helfen. Dabei posaunte es lautstark aus seiner Hose, und binnen Sekunden war es schlagartig still im Fahrstuhl und alle waren von dem Geruch eingenebelt. Sichtlich verunsichert und voller Scham drehte sich der Herr leicht zur Wand. Hätte es einen Notausgang gegeben, der bemitleidenswerte Mensch wäre bestimmt als Erster hinausgerannt. Alle schauten peinlich berührt auf den Boden. Der junge Mann mit dem Dreitagebart fand das Ganze amüsant und wollte wohl die Situation entkrampfen, als er drauflos witzelte:

»Hätten Sie vorher was gesagt, dann hätte man ihn wenigstens auf Lunge nehmen können!«

Im 16. Stock angekommen, verließ ich eiligst den Fahrstuhl und sog annähernd frische Luft durch die Nase. Auch die beiden Familienväter mit ihren beiden Kindern, die vor sich hin giggelten, rannten fast aus dem Fahrstuhl. Der große Herr verließ den Fahrstuhl als Letzter.

Die Ablieferung meines Veranstaltungsantrags verlief nahezu geräuschlos und ohne nennenswerte Zwischenfälle. Für den Rückweg wählte ich dann aber doch sicherheitshalber einen Fahrstuhl auf der anderen Seite des Gebäudes. Als sich die Tür des Aufzugs öffnete, erblickte ich jedoch vor mir wieder den schlanken Herrn mit dem Darmventilator.

»Kommen Sie nur rein! Ich verkneife mir jede Bewegung«, ging der Mann schmunzelnd in die Offensive.

Ich überlegte einen Moment, unter dem Vorwand, etwas vergessen zu haben, den Fahrstuhl lieber doch nicht zu betreten, fand es dann aber doch blöd, wegen solcher Lappalie eine Lüge vorzuschieben. Die ganzen 16 Etagen hoffte ich nur, dass der Fahrstuhl nicht stecken bleiben würde. Direkt am Ausgang der Stadtverwaltung erblickte ich dann nach geglückter Fahrt einen großen Aufsteller, den ich vorher gar nicht wahrgenommen hatte. Von einem Wahlplakat lächelte mir der Oberbürgermeisterkandidat dieser Stadt entgegen und verkündete:

»Ich sorge für eine bessere Luft in unserer Stadt«

Beim näheren betrachten des Wahlplakates stellte ich fest, dass ich diesen Politiker soeben kennen gelernt hatte und hoffte, dass er ja vielleicht bei den Fahrstühlen in seiner Stadt anfängt.

Der Männerurlaub

Schon als Schulkinder sind mein Freund Matze und ich jedes Jahr alleine für ein paar Tage zelten gefahren. Wir reisten immer zu Matzes Oma Ilse und Opa Franz in den Garten. Für diese weite Reise in die Welt mussten wir uns ganze zehn Kilometer von unserem Heimatort entfernen. Es fühlte sich aber an, als wären wir frei und unabhängig. Ohne uns dessen bewusst zu sein, hatten wir bei Matzes Großeltern immer »Camping mit Vollverpflegung«.

Später reisten wir mit unseren Mopeds, so weit wie das Spritgeld reichte. Wir machten Urlaub am See, im Harz, an der Ostsee oder in den Bergen. Vor allem aber machten wir unseren »Männerurlaub« alleine. Keine Freundin, keine Frau konnte da stören. Diese Tradition haben wir bis heute beibehalten. Einmal im Jahr fahren Matze und ich für ein paar Tage in den Urlaub. Während der ersten Jahre nach unserem 18. Geburtstag düsten wir mit den Motorrädern nach Italien oder Spanien. Bibione oder Alicante waren vor uns und dem Drang, etwas Außergewöhnliches zu erleben nicht sicher. Irgendwann erkoren wir den Käfer zu unserem Reisegefährt und bereisten Österreich und den Balaton. Mit den Jahren und zunehmender Reife wurden die Reisen gediegener, unser Anspruch an den Komfort stieg.
Inzwischen reisen Matze und ich immer für 5 bis 7 Tage in ein All-inclusive-Hotel in die Türkei oder auf die Balearen. Neulich war es wieder so weit: eine Woche Urlaub in einem 5-Sterne-Hotel mit »Ultra AI« in Belek stand bevor. Unser Reiseveranstalter versprach »Urlaub von Anfang an«. Von Dresden starteten wir in Richtung Antalya. Matze, der heute als niedergelassener Hausarzt in Coburg arbeitet, und ich freuten uns auf eine entspannte Woche. Während des Flugs besprachen wir schon alle Pläne: Für Matze stand die ganze Woche Golfen auf dem Programm, während ich mich auf das Reiten am Strand und eine Reitertour ins benachbarte Taurusgebirge freute. Gegen Abend wollten wir uns dann immer zu unseren täglichen Tennisspielen am Court der Hotelanlage treffen.

Der Flug war ruhig und wir wussten, dass das Golf Ressort Hotel keine Wünsche offenließ. In der Nachsaison werden diese Luxushotels oft von großen Banken, Versicherungen oder Medizinkonzernen für Eventveranstaltungen gebucht.

Als wir in diesem Jahr in Belek in unserem akribisch ausgewählten Hotel ankamen, war dieses völlig überbucht. Alle deutschen Banken und Versicherungen mussten für ihre Firmenveranstaltungen zur gleichen Zeit in diesem Hotel gebucht haben. Die Fahnen am Hoteleingang wehten im Wechsel: von der Spaßkassenversicherung bis zur Bank für den Bürger. Bei der Ankunft erfuhren wir, dass unsere zwei reservierten Einzelzimmer nicht mehr verfügbar waren. Stattdessen bot uns der Hotelmanager an der Rezeption ein Doppelzimmer mit Meerblick an. Für zwei Freunde, die sich von Kindesbeinen an kannten, kein großes Problem, und so willigten wir in das Angebot sofort ein.

War es früher nie ein Thema, wer auf welcher Seite des Zeltes schlief, begann nun im Doppelzimmer ein ständiger Platzwechsel und eine Diskussion darüber, wer auf welcher Seite besser schlafen könne.

»Ich schlafe zu Hause immer auf der rechten Seite und aus medizinischer Sicht hat sich mein Körper daran gewöhnt«, erklärte mir Matze.

»Na ja, auch bei mir ist es so, dass ich im Ehebett immer auf der rechten Seite schlafe«, erwiderte ich und wollte von Matze wissen, wie es denn um meinen Wunsch nach gesundem Schlaf und der damit verbundenen gesunden Körperhaltung bestellt sei.

»Deine Figur ist eh schon versaut. Du brauchst ja auf keine Formgebung mehr zu achten«, erklärte mir Matze.

»Na, wenn das der Mediziner sagt, dann muss ich mich wohl fügen«, antwortete ich gereizt.

Beim Aufstellen der Badutensilien neckte ich ihn, ob es denn seinem Körperempfinden egal sei, ob meine Rasier- und Zahnpflegesachen auf der linken oder auf der rechten Seite des Spiegelsimses stehen. Prompt kam die Antwort, dass er lieber die linke Seite belegen möchte, damit er nicht in den nächsten Tagen zur falschen Zahnbürste griffe. Während ich meine Kulturtasche ausräumte, saß Matze am Schreibtisch unseres

Doppelzimmers und erstellte einen Zeitplan für unsere Dusch- und Pflegeeinheiten.

»Ist das nicht ein bisschen übertrieben«, fragte ich meinen Freund.

»Nein, ich muss morgens pünktlich aus dem Hotelzimmer, um zu frühstücken und um rechtzeitig auf dem Golfplatz zu sein, schließlich muss ich noch zwei Kilometer fahren«, argumentierte er.

»Du, Matze«, hielt ich dagegen »das Reitpferd ist auch nicht am Hoteleingang angebunden und wartet auf mich.«

»Bei dir ist es aber egal, wann du das Pferd reitest. Ich hingegen brauche eine gute Startposition beim Aufschlag. Wenn es so voll ist, schaffe ich nicht alle Spielbahnen«, entgegnete er unmissverständlich.

Klar, das verstand ich. Was blieb mir auch anderes übrig, wollte ich keine Grundsatzdiskussion führen.

Die Abendbrotzeit an unserem Anreisetag im Hotel begann. Matthias und ich gingen in Richtung Speisesaal. Schon im Foyer der Hotelhalle stand eine Schlange Richtung Speiseraum.

»Gibt es hier Bananen? Bin ich im FDGB-Ferienheim oder warum stehen die Leute hier an?«, fragte ich in die wartende Runde.

»Sie müssen sich schon ein bisschen gedulden«, fauchte mich eine aufgebretzelte Dame an, die vor uns in der Reihe stand. »Schließlich hält Herr Dr. Hallhuber eine Ansprache an die Mitarbeiter unserer Bank. Es geht um die besten Vertriebsmitarbeiter der BfdB (Bank für den Bürger)«, gab sie mir zu verstehen.

»Aber ich bin hier ein ganz normaler Hotelgast mit einer Ultra AI-Buchung und Kunde der Sparkasse, also interessiert mich die Ansprache des Herrn Dr. Hallhuber überhaupt nicht. Ich hab Hunger und würde jetzt gerne in den Speisesaal gehen«, antwortete ich leicht genervt.

»Das ist typisch Mann, nur Essen und Trinken im Kopf«, war ihre schnippische Reaktion.

Matze versuchte, unseren Dialog zu entschärfen und erklärte ihr, dass immer, wenn mein Zuckerspiegel absinke, ich sehr unleidlich werden könne. Gestelzt fragte die Dame, von welchem Unternehmen bzw. welchem Berufszweig wir denn seien.

»Mein Freund ist Bestatter und ich bin bei der Müllabfuhr«, antwortete ich und bekam im selben Augenblick von Matze einen Tritt auf meinen rechten Fuß. Die Gesichtszüge der Dame entglitten in Gänze. Als sie sich wieder ein bisschen gefangen hatte, fragte sie neugierig weiter, wie unsere Unternehmen hießen, die es sich leisten konnten, ihre Mitarbeiter hier in diesem Hotel in exponierter Lage unterzubringen und ihnen gleich eine ganze Woche als Auszeichnungsreise zu finanzieren.

»Darf ich vorstellen: Fröhlich Bestattungen, das Bestattungshaus, das Unangenehmes fröhlicher werden lässt«, mit ausladender Geste zeigte ich auf Matze, »und ich bin bei der Müllabfuhr an der Ruhr. Haste Müll und Dreck, wir machen alles weg«, antwortete ich brav auf ihre Frage.

»Mensch Frank, du bist unmöglich«, fauchte mich Matze an.

Diese Nummer mit dem Bestatter und dem Müllmann hatten wir auf unseren vorhergehenden Reisen schon des Öfteren aufgeführt, damit wir den Urlaub in Ruhe und ohne Fragen zu oder über unseren Beruf verleben konnten. Sagte ich früher immer wahrheitsgemäß, dass ich Automobilkaufmann sei, gab es am Pool oder in der Hotelbar nur das Thema Auto oder Werkstattleistungen, und jeder Gast war natürlich ein Experte auf diesem Gebiet. Outete sich Matze als Allgemeinmediziner, so hatten viele Hotelgäste Fragen oder Behandlungswünsche. Um dem vorzubeugen, haben wir vor vielen Urlauben diese Notlüge erfunden, für eine relaxte Auszeit vom Job und allem, was damit zu tun hat.

»Und Sie, Gnädigste, was machen Sie beruflich, außer andere Hotelgäste vom Essen abzuhalten?«

»Ich bin die Vorstandssekretärin von Dr. Hallhuber von der Bank für den Bürger und wir haben den Speisesaal im Rahmen unseres Auszeichnungsevents bis 19.00 Uhr gebucht.«

»Wenn schon nicht essen, dann wenigstens saufen«, sagte ich leise und dennoch hörbar für die Frau Vorstandssekretärin zu Matze und schlug ihm vor, die 45 Minuten Wartezeit an der Bar zu verbringen.

»Das war ja ein toller Auftritt von dir, da haben wir hier im Hotel gleich unseren Ruf weg«, murrte mich Matze an der Bar an, erhob aber dann doch noch sein Glas und prostete mir zu.

»Die Vorzimmerzicke kennt sich scheinbar mit hungrigen 50plus-Männern nicht aus, sonst hätte sie uns in den Speisesaal gelassen«, entgegnete ich lächelnd.

Irgendwann durften wir doch noch zum Buffett und ließen danach unseren Abend nach den Anstrengungen der Reise und des Zickenangriffs vorm Speisesaal an der Bar ausklingen.

Der nächste Tag brach an und Matze hatte, gemäß seinem Badezimmernutzungsplan, bereits die Dusche belegt.

»Dauert es noch lange?«, klopfte ich fragend an die Badezimmertür. »Ich müsste mal dringend«, beschwor ich ihn tänzelnd im Flur vor dem Bad.

»Ich mache nur noch meine chinesische Übung fertig, dann kannst du ins Bad«, hallte es hinter der Tür.

»Aber die kannst du doch auch hier im Zimmer machen! Bei mir bedarf es hingegen einer gewissen Örtlichkeit«, versuchte ich Matze davon zu überzeugen, das Bad zu verlassen.

»Nein, die Chin-Yang-Übung muss unter fließendem Wasser durchgeführt werden, sonst strömt die Energie nicht durch den ganzen Körper«. Das leuchtete zwar sofort ein, aber angesichts meines dringenden Bedürfnisses fiel mir die Einsicht nicht leicht.

»Lass dir nur Zeit, ich nehme solange die Vase neben deinem Bett«, rief ich ihm zu – und siehe da, sein Energiefluss war sehr schnell beendet. Als ich zum Frühstücken kam, war Matze schon fast fertig.

»Bitte gehe, wider deine Gewohnheit, nicht gleich nach dem Frühstück auf die Toilette«, beschwor mich Matze. »Ich muss mich erst noch um ein Fahrzeug kümmern, das mich zum Golfplatz bringt. Und danach möchte ich mir noch die Zähne putzen und mich rasieren. Da ich aber beobachtet habe, dass du dir schon eine Zeitung bereitgelegt hast, liegt der Verdacht eines länger währenden Morgengeschäfts nahe, oder?«

»Rasieren und Zähneputzen geht wohl nicht beim Chin-Yang«, fragte ich mit nicht zu überhörender Ironie. Mitleidig schaute Matze mich an, bevor er dann erwähnte, dass er sich heute Nachmittag noch

Oropacks aus der Apotheke holen wolle, da ich so laut schnarchen würde.
»Ich habe nichts gehört«, antwortete ich Matze lächelnd und wünschte ihm einen guten Abschlag.
Als wir am Abend auf dem Tennisplatz am Netz standen, fingen wir zeitgleich zu reden an.
»Ist dir eigentlich aufgefallen«, begann ich meinen Satz, und Matze vollendete ihn mit den Worten »… dass wir beide wie ein altes Ehepaar auf unsere Prinzipien und liebgewonnenen Gewohnheiten pochen?«
Wir mussten beide lachen und ich zeigte ihm, was ich nach dem Ausritt eingekauft hatte.
»Eine gute Idee! Das haben wir ja schon ewig nicht mehr gemacht. Lass uns gleich heute Nacht darin schlafen«, schlug mein alter Freund vor. Heimlich bauten wir das frisch erworbene Zweimannzelt im Garten der Hotelanlage auf, nahmen unsere Bettbezüge und Kopfkissen mit und beschlossen, mit je einer Flasche Rotwein bewaffnet, im Zelt zu übernachten. Das war die genialste Idee, die wir seit Langem hatten und der Abend weckte tausend Erinnerungen.
Als wir am nächsten Morgen, mit dem Bettzeug unterm Arm, das Zelt verließen, waren wir umringt von einer Gruppe Frauen, die auf der Wiese Yogaübungen ausführte. Leicht verwundert starrten uns die Damen an. Wir hätten einfach gehen sollen, aber Matze hatte das Gefühl, sich vor den Frauen rechtfertigen zu müssen und brachte den genialen Satz:
»Uns überkam es gestern Abend einfach so!«
Zwanzig Augenpaare blickten uns leicht irritiert an. Eines der ratlos blickenden Augenpaare gehörte natürlich der Vorzimmerzicke von Dr. Hallhuber. Sie schüttelte missbilligend den Kopf und verlor dabei fast ihr Gleichgewicht. Die Situation war nun sowieso schon verfahren, da konnte ich nicht anders und setzte noch einen drauf:
»Sex im Freien ist so herrlich und bringt Körper und Geist in Einklang.«
Matze zog vor Scham seine Bettdecke über den Kopf und ging von dannen. Ich rannte ihm hinterher und gab ihm liebevoll einen Klaps auf den Po.

»Oh Frank, ich hoffe, mich erkennt keiner. Bei dem Auftritt hier im Hotel muss ich noch meine Approbation wegen mangelnder geistiger Zurechnungsfähigkeit zurückgeben.«

»Was meinst du«, fragte mich Matze »ob die heute auch ein Pferd für mich haben?«

Die nächsten Tage gingen wir im Wechsel zum Reiten oder auf den Golfplatz, wo ich Matze beim Golfen zusah oder den Balljungen mimte. Wir hatten die verbleibende Zeit im Urlaub viel Spaß. An den Abenden in der Disco oder in der Event-Arena scharten sich immer junge Mädchen und Frauen um uns und wir waren der festen Überzeugung, dass die Reife unseres Alters und ihr kleiner Vaterkomplex diese Damen so anhänglich und die offenen Gespräche möglich machten. Sogar die Bankerzicke wurde handzahm. Mit einer gehörigen Portion Rotwein wurde Frau Vorstandsekretärin weichgespült kuschelig. Aber als sie sich an uns kuschelte und so vor sich hin lallte:

»Also wisst ihr, es ist so schön, mit euch zu reden, zu tanzen und euch einfach nur um mich zu haben, ohne gleich das Gefühl zu bekommen, ihr hegt andere Absichten. Ihr Homos seid so verständnisvoll und nicht im Geringsten aufdringlich, anders als mein Chefchen. Der ist der größte Baggerkönig in Belek«, ging uns ein Licht auf. Scheinbar hatten unsere Zeltaktion im Freien und unser Männerurlaub im Doppelzimmer Wirkung gezeigt. Jedenfalls ging die Fantasie der weiblichen Hotelgäste durch. Aber das machte uns gar nichts. Wir hatten den Spaß und einen leichten Zugang zu netten Bekanntschaften, ohne uns gleich in pikante Situationen zu verstricken. Der Urlaub konnte sich sehen lassen und bekam eine angenehme Wende.

Unser Rückflug startete pünktlich um ein Uhr nachts von Antalya. Der Flug war entspannt. Nur mussten wir nach der Landung feststellen, dass unser Flieger nicht in Dresden gelandet war, von wo aus wir in den Urlaub gestartet waren und wo auch unser Auto stand, sondern auf dem Flughafen Paderborn-Lippstadt.

Sonntagmorgens um vier Uhr ist jeder Flughafen ruhig, Paderborn-Lippstadt aber ausgestorben. Kein Personal am Terminal der Flughafenhalle. Keine Flugbegleiterin fühlte sich für uns verantwortlich. In Dresden sei unwetterbedingt keine Landung möglich gewesen, war die einzige Aussage, die wir erhielten. Bodenpersonal an diesem Sonntagmorgen um vier Uhr am Flughafen Paderborn-Lippstadt anzutreffen, wäre wahrscheinlich zu viel Service gewesen. Unser Reiseveranstalter war weder per Telefon noch vor Ort zu sprechen. Aus dessen Sicht hatte er ja auch alles getan, um dem Werbeslogan »Urlaub von Anfang an« gerecht zu werden. Besondere Leistungen bei außergewöhnlichen Vorkommnissen am Ende des Urlaubs hatte dieser schließlich nicht versprochen. Das Reinigungspersonal am Flughafen erzählte uns, dass das Flughafenrestaurant am Sonntag um zehn Uhr öffnet und man ab halb elf da brunchen könne.

Was für Aussichten!
Taxen standen selbstredend nicht am Flughafen. Warum auch, wenn sonntags sowieso keine Maschinen landeten. Außer vielleicht, wenn in Dresden Unwetter herrschte. Jetzt darüber zu philosophieren, warum die Maschine nicht in Nürnberg, Erfurt, Leipzig oder Kassel-Calden gelandet war, schien vergebene Liebesmühe. Wir waren in Paderborn-Lippstadt, und das morgens um *vier*. Alle Mietwagenstationen, die es hier gab (um genau zu sein: es gab nur eine), hatten am Sonntag ihren sicherlich wohlverdienten Ruhetag.

Und wenn man sowieso schon das Gefühl hat, die Welt habe sich gegen einen verschworen, dann müsste eigentlich noch eine Steigerung drin sein. Auf die Bahn war da Verlass. Pünktlich in genau dieser Nacht war die Bahngewerkschaft in einen unbefristeten Streik getreten. »Thank you for *not* traveling with Deutsche Bahn.«

Wer eine Freundschaft wirklich mal testen will, der sollte am Sonntagmorgen um 4.30 Uhr seine Freunde bitten, einen vom Flughafen Paderborn-Lippstadt abzuholen.

Klaus war mit Vera auf Geschäftsreise in Kiel, Volker hatte mit den Zwillingen und dem Zahnen der Kinder schon genug schlaflose Nächte, Günni hätte das sofort und bedingungslos gemacht, war aber mit Magda in ihrem Heimatland unterwegs und von Hans hatte ich lange nichts

mehr gehört. Während ich noch überlegte, Jörg anzurufen, schlug mir Matze vor, dass wir doch wie früher trampen könnten.
»Ein toller Vorschlag, Matze. Du mit Koffern und Golf-Package und ich mit Gepäck und Reiterstiefeln am Fahrbahnrand der Autobahn. Da muss einfach jeder anhalten, um uns mitzunehmen«, versuchte ich ihn davon abzubringen.
Gegen ein stattliches Trinkgeld fuhr uns eine Mitarbeiterin der Putzkolonne vom Flughafen an die Auffahrt der A44 in Richtung Kassel. Über das Fassungsvermögen ihres Renault Clio staune ich noch heute. Zwei gestrandete Urlauber mit Gepäck und deren Hobbyausrüstung – und eine Rubensdame im XXL-Format.
Da standen wir nun an der Auffahrt der A44. An jenem herannahenden Sonntagmorgen fuhr das eine oder andere Auto – bei unserem Anblick – sichtlich langsamer und ließ in uns die Hoffnung auf eine Mitfahrgelegenheit keimen. Nach gefühlten Stunden hielt endlich ein Opel mit drei jungen Leuten. Hoffnungsvoll und freudig erregt strahlten Matze und ich unsere vermeintlichen Retter an. Der offenbar leicht partygeschädigte Fahrer des Wagens kam auf uns zu und rief schon von Weitem:
»Eh, voll krass! Was für 'ne Story! Das muss ich fotografieren und an die BILD-Zeitung posten. Isch bin Reporter und kann über Facebook das Bild sofort an die Redaktion schicken. Überschrift: ‹Zwei rüstige Rentner auf der Flucht vorm Altersheim›.«
Er schoss ein paar Fotos, stieg wieder ein und ehe wir etwas sagen konnten, brauste das Auto mit der johlenden Meute auch schon wieder davon. Nach diesem Erlebnis fühlten wir uns – sooo gut.
Hoffentlich sieht Ben diese Fotos nicht auf Facebook. Oder noch schlimmer, ein Video auf Youtube, dachte ich noch.

    Gegen zehn Uhr klingelte mein Telefon. Mein Sohn Ben war dran und sprudelte aufgeregt los, dass auf allen Jugendkanälen zwei Opis mit Reisegepäck zu sehen seien, die auf einer Autobahn in NRW stünden, um als Tramper vor dem Altersheim zu fliehen.
»... und Papa, wenn ich nicht genau wüsste, dass du und Onkel Matthias in Dresden gelandet und bestimmt schon auf dem Weg nach Hause seid,

ich hätte geschworen, die beiden Opis auf den Bildern seid ihr«, sagte er und legte sogleich wieder auf.

Auch die Polizei hatte mittlerweile von den trampenden Senioren gehört und umgehend einen Streifenwagen zur Autobahn geschickt. Als wir den Polizeibeamten unsere Situation erklären konnten und sie unsere Personalien überprüft hatten, zeigten sie Mitleid und orderten aus Dortmund einen Leihwagen.

Kurz vor Dresden stellte Matze fest, dass es wieder ein toller erlebnisreicher Männerurlaub gewesen war und wir das unbedingt im nächsten Jahr wiederholen müssten.

Ein paar Tage nach unserem Urlaub, schickte ich Matze einen auf ihn und seine Frau zugeschnittenen Badezimmernutzungsplan und detaillierten Bettenbelegungsplan zu. Kurz darauf erhielt ich eine SMS von Matze, in der stand:

»Ich habe nach den Erfahrungen aus Belek unseren bisherigen Ablaufplan zu Hause über Bord geworfen und festgestellt, dass das Duschen zu zweit am Morgen den Kreislauf enorm vitalisiert und den Energiefluss meiner Chin-Yang-Übung ersetzen kann.«

Na immerhin! Hatte unsere Doppelzimmer-Episode gleich noch Nützliches für Matzes Eheleben vollbracht. Die Umgangsformen, die Männer und Frauen ab 50 in ihrem Eheleben mitunter so an den Tag legen, sind nämlich oft schon sehr befremdlich. Merkwürdig finde ich z. B. Eheleute, die sich untereinander mit »Mutti« oder »Vati« ansprechen. Die tägliche Routine, insbesondere, wenn die Kinder aus dem Haus sind, stellt uns 50plus-Menschen vor eine neue Herausforderung im Umgang mit unseren Partnern. Gewohntes und Vertrautes nicht in Langeweile und Gleichgültigkeit abgleiten zu lassen, ist für manch einen harte Arbeit, die es nach so vielen Jahren Ehelebens zu bewältigen gilt. Dabei dem Partner immer wieder seine Liebe und Achtung zu zeigen und sie somit neu erfahren zu lassen, muss man mitunter erst wieder lernen.

Bei Familie Hartmann muss man keine Angst haben, dass Routine und Langeweile einkehren, dessen war ich mir sicher.

Die Familie Hartmann

Neben mir und meiner Frau Clara wohnen noch unser 17-jähriger Sohn Ben sowie Paul Bommel, das Wohnungskaninchen in unserer 4-Zimmer-Wohnung in der Altstadt von Erfurt. Wir leben in dieser wunderschönen Stadt, in der es sich lohnt, zu verweilen, aber auch sesshaft zu sein. Mit ihren gut 200.000 Einwohnern ist sie nicht zu groß, um in der Anonymität zu verschwinden, ist aber auch genau richtig, um hin und wieder, dem einen oder anderen aus dem Weg gehen zu können oder in einem der vielen Hinterhofgärten der Gaststätten mit Freunden oder Bekannten ein Glas Wein zu trinken.
Ich bin Automobilkaufmann – im Urlaub auch mal Müllfahrer – , das habe ich ja bereits erwähnt. Meine Frau geht in ihrem Beruf als Grundschullehrerin völlig auf. Neben den normalen Unterrichtszeiten gibt es täglich viel vorzubereiten, zu organisieren und viele Gespräche mit den Kollegen, den Eltern und den Schülern zu führen. Wir sind also eigentlich eine ganz normale Durchschnittsfamilie. Allerdings sind auch an den Wochenenden unendliche Stunden für die Schule und Claras unzählige Hobbys in ihrer Zeitplanung fest verankert. Es gibt Tage und Wochenenden, da frage ich mich, ob nicht die Schule oder die Kollegen für meine Frau die richtigen Lebenspartner gewesen wären. Was nicht heißt, dass ich mich nicht darüber freue, dass sie in ihrer Arbeit aufgeht. Aber glauben Sie mir, es ist schon anstrengend, wenn man nach 10 bis 12 Stunden eigener Arbeit nach Hause kommt und als Versuchskaninchen für irgendwelche Tanzkreationen herhalten muss oder das komplette Wohnzimmer zur Bastel- und Versuchsstube umfunktioniert wird. Besondere Freude kommt in mir auf, wenn sie wieder mal genäht hat und ich mich abends entspannt in meinen Sessel setzen möchte, um aus diesem dann – schreiend vor Schmerzen – sogleich wieder aufzuspringen, weil irgendwelche Nadeln in meinem Hintern stecken. Normalerweise könnte »Mann« auf Mitleid hoffen, nicht aber bei meiner Clara. Da kommt nur der verwunderte Satz:

»Oh, da sind ja die Nadeln, die habe ich schon gesucht!« Fürsorglich kommt dann noch der Hinweis: »Frank, sei so lieb und tue sie gleich in die Schachtel, damit sich nicht noch jemand verletzt.«

Neben ihrer Arbeit in der Schule trainiert Clara auch noch ein Männerballett mit dem klangvollen Namen: »Clara und ihre Pflegefälle«. Es ist immer wieder erfrischend, wenn man abends schnell mal die genähten Kostüme anprobieren muss, sodann tüllumhüllt und mit freiem Oberkörper durch das Wohnzimmer tanzen darf. Besonders liebe ich meine Clara, wenn sie nachts um halb eins aufschreckt und mich dazu animieren will, Tanzschritte für ihr Männerballett, die ihr jetzt in diesem Moment gerade eingefallen waren, sofort auszuprobieren.
Damit man sich Clara noch besser vorstellen kann, muss ich vielleicht noch erwähnen, dass sie sich mehr über eine beleuchtete Bohrmaschine mit 6.000 UpM freut als über Schmuck. Zu einem unserer vielen Hochzeitstage habe ich ihr mal einen Schweißer-Lehrgang geschenkt, und sie kann jetzt auch MIK und MAK schweißen, was sie riesig freut. Das Erlernte benötigen wir nicht unbedingt in unserem täglichen Familienleben, aber wenn wir es mal bräuchten, Clara wäre gewappnet. Selbstredend hat sie in ihren Schränken auch Akkubohrer, Seilwinden und eine große Auswahl an Schraubenziehern, Zwingen, Zangen und Drähten. Auch ihr Schraubenvorrat kann mit den großen Baumärkten unserer Stadt mithalten. Geht bei uns etwas kaputt, so überlege ich angestrengt und mit vollem Tatendrang, welchen Handwerker ich kenne, der das reparieren könnte. Clara hingegen holt aus ihren Handwerkerschränken fast immer das passende Werkzeug heraus, um anschließend den Schaden zu reparieren. Wo andere Frauen Unmengen an Kosmetika bunkern, hat Clara Werkzeug und Zubehör, das sie auch alles gut gebrauchen kann. Somit habe ich fast nie die Chance, dafür zu sorgen, dass ein Handwerker unsere Wohnung betritt.
Würde man anderen Frauen damit eine Freude bereiten, mit ihnen in der Shoppingmeile zu flanieren und durch die Geschäfte zu bummeln, so strahlt Clara, wenn sie Baumärkte aller Art besuchen und dort einkaufen kann. Sie findet auch immer etwas, das *»wir«* gebrauchen können. Wobei

sie den Begriff »*wir*« nur als Rechtfertigung benutzt, denn wenn »*wir*« diesen Bohraufsatz unbedingt benötigen, ist er auch wichtig. Nur ist es bei uns fast immer so, dass ich diese Geräte nur benutze, wenn ich sie wegräumen darf. Will ich aber eine glückliche Clara haben, dann ist es ratsam, den Sinn dieser Anschaffung fast immer einzusehen und zu befürworten. Wer lange genug verheiratet ist, weiß wovon ich schreibe. Damit hier kein einseitiger Eindruck von meiner Frau entsteht: Auch Clara verfügt natürlich über Unmengen an Handtaschen oder – wie ich diese modischen Allzwecksäcke gerne nenne – Koffer mit Trageriemen. Dass ein Kinder-Ü-Ei nicht halb so spannend ist wie der Inhalt einer Frauenhandtasche, ist ja hinreichend bekannt. Aber wenn *Sie* wüssten, was Clara so in ihrer Handtasche bei sich hat!! Dank des Schengener Abkommens, wird man normalerweise an den meisten Grenzen nicht mehr kontrolliert. Normalerweise.

Wir machten vor nicht allzu langer Zeit mit Freunden eine lang geplante Städtetour nach Breslau (Wroclaw). Am Grenzübergang wurde unser Auto aus der Schlange der vorbeifahrenden Fahrzeuge herausgezogen. Ein Fahrzeug gleichen Bautyps wie das unsrige wurde wegen eines Einbruchs in Görlitz gesucht. Alle Personen mussten aussteigen und wurden kontrolliert. Als Clara gebeten wurde, ihre Handtasche auszuräumen, wusste ich, dass wir heute nicht mehr in Breslau ankommen würden. Neben dem Portemonnaie im XXL-Format hatte Clara noch eine Rohrzange, Draht, Akkubohrer, ein Minischraubenset, mehrere Cuttermesser, eine Heckenschere sowie einen Bolzenschneider und eine Schweißerbrille bei sich. Während andere Frauen Haarbürsten im Handgepäck haben, hatte meine Frau eine Drahtbürste in ihrer Handtasche. Den Grenzbeamten war an diesem Tag nicht glaubhaft zu vermitteln, dass wir Vier nur eine Städtetour machen wollten und dass meine Frau zurzeit, neben ihrer Schultätigkeit, an einem Kunstwerk aus Stahl und Metall arbeitete und sie grundsätzlich alles, was sie derzeit dazu benötigt, in ihrer Handtasche mitführt. Ihre Leidenschaft ließ uns einen ganzen Tag die unerbittlichen Mühlen der Bürokratie kennenlernen.

Claras Begeisterung hört aber nicht bei Handwerkszeug auf. Nein, auch Möbel und Farben haben es meiner Frau angetan. Man könnte unsere Wohnung auch »Villa Kunterbunt« nennen. Clara hat die Gabe, mit wenig Aufwand und dem Gespür für kostenbewussten Einsatz von Materialien unsere Wohnung immer wieder in anderen Farben erstrahlen zu lassen. Das ist eine tolle Eigenschaft, für die ich sie sehr liebe. Zugegeben, manchmal muss die Liebe auch sehr groß sein. Wenn Clara zum Beispiel einfällt, meinen geliebten, bequemen und langjährig erprobten Sessel gegen einen Designer-Sessel auszutauschen. Der Sessel oder die Couch ist für uns Männer im gesetzten Alter eine Trotzburg der Sicherheit. Von hier aus kann »Mann« Herr der »Macht« (der Fernbedienung) sein. Hier kann »Mann« abschalten, umschalten und auf sicherem Territorium Ruhe und Geborgenheit genießen. Könnte »Mann« – wenn man nicht gerade mit Clara verheiratet ist.

Nun versuche ich, in diesem Designer-Sessel zu sitzen, der zugegeben schön aussieht, aber leider nicht sehr bequem ist. Kurz nachdem ich Platz genommen habe, rutsche ich auch schon auf den Fußboden. Claras einleuchtende Erklärung:

»Der Sessel kann nichts dazu. Das liegt an deinem Gewicht. Masse zieht immer nach unten.«

Meine Frau könnte liebend gern in einem ganz speziellen Möbelhaus einziehen. Das besagte Geschäft ist für Clara so anziehend, dass wir ständig die neusten Produkte von IDEA auch bei uns in der Wohnung ausprobieren müssen. Im Spaß frage ich sie immer wieder, ob sie einen Vertrag als Testerin der neuen schwedischen Möbelhauskollektion hat. Bei der letzten Schulveranstaltung wollte ich Claras Arbeitgeber schon den Vorschlag unterbreiten, die Hälfte ihres Gehaltes gleich an den schwedischen Konzern zu überweisen, dann müsste sie nicht immer so lange an den Kassen stehen und könnte sorgloser einkaufen.

Der Alptraum eines jeden Mannes ist sicher der Küchenkauf mit der anschließenden Do-it-yourself-Aufbaufreude, die das schwedische Möbelhaus gratis dazugibt. Beobachtet man Pärchen, die durch die Küchenabteilung dort laufen, so sieht man fast immer verzweifelte Männergesichter und strahlende Frauenaugen. Die Damen reißen begeistert die Türen von Hilkström auf, die sich prima mit dem Korpus von Düklük kombinieren lassen – und die Beschläge aus dem Programm von Tilitatus sind auch sehr schick. Diese Vielfalt überfordert uns Männer stets. Denkt »Mann« dann noch an die Aufbauarbeiten, die fast immer im Streit und Desaster enden, wünscht er sich einen Küchenkauf im herkömmlichen Möbelhaus, bei dem die Möbel angeliefert UND aufgebaut werden. Mit Clara? Keine Chance.

Wir brauchten also eine neue Küche für unser Wochenendhaus. Für meine Frau brachen Stunden der Glückseligkeit an: das Planen der Küchenzeile, die Vielzahl der Kombinationsmöglichkeiten, immer wieder ausmessen und gedanklich neue Küchenvariationen durchspielen – das war Claras Welt. Und das hieß: Schnell zu IDEA! Aus den Lautsprecherboxen des Möbelhauses hallte es:

»Wer seid ihr, wie läbt ihr – Idäen für dain zu Hausä – IDEA«

In Windeseile hatte Clara Kilebörd- mit Trinström-Möbelteilen aus dem Programm herausgesucht, im Lager abgeholt und ins Auto eingeladen. Vor lauter Vorfreude auf den Aufbau hatte sie ganz vergessen, dass der Beifahrersitz nicht für den Korpus Trinström, sondern für mich gedacht war. Aber auch hier hatte Clara eine pragmatische Lösung:

»Gut, dass jetzt von IDEA ein Bus in die Stadt fährt. Frank, hast du Kleingeld dabei?«

Na klar! Und zum Glück konnte man neuerdings seinen Fahrschein auch wieder direkt beim Busfahrer lösen.

Der Aufbau war eine helle Freude, zumindest für Clara. Tausende von Schrauben und Winkeln lagen ausgebreitet auf dem Fußboden. Für mich das perfekte Chaos, für Clara eine echte Herausforderung, der sich jede Frau stellen sollte. Dass die Küche in kürzester Zeit und ohne Flüche zusammengeschraubt und aufgebaut war, versteht sich, wenn man Clara kennt, von selbst.

Ich glaube, wenn ich meine Clara aus dem Konzept bringen wollte, müsste ich sie bitten, mir einen Kuchen zu backen. Andererseits, warum sollte ich mich so hart bestrafen? Vor ein paar Jahren hatte mir Clara aus Liebe, wie sie sagte, einen Kuchen gebacken. Ich kann nicht sagen, wie sie es gemacht hat. Ich denke, es sollte ein Topfkuchen werden, also die große Herausforderung für jede gestandene Hausfrau. Dem Grunde nach konnte man dies an den Konturen der marmorierten, zerbröselten Teigstücke erahnen.

Sie überraschte mich eines Nachmittags mit einem Lächeln an der Wohnungstür und sagte, dass sie eine Überraschung für mich hätte. Der Weg zur Überraschung führte Richtung Küche, sodass ich in der Annahme war, dass sie ein neues Regal gewerkelt oder bestrichen hatte. Erst, als sie mir auf dem Weg dorthin erzählte, sie hätte etwas für mich gemacht, das ich mir schon immer mal von ihr gewünscht hätte, kannte meine Neugierde keine Grenzen mehr. Als sie dann auch noch hinzufügte, dass man beim Erkennen der Überraschung viel Fantasie bräuchte, wusste ich: Es konnte kein Regal sein.

Zugegeben, der Kuchen in seinen Einzelteilen ließ sich leichter essen. Aus Liebe zu ihr lobte ich das Backwerk, die Form und den kreativen Einfall, alles in (sehr) kleinen Portionshappen anzubieten. Voller Bewunderung für meine Traumfrau aß ich die zerbröselten Kuchenstücke. Mit jedem Bissen brauchte ich länger und länger und ... nun ja, es heißt ja bekanntlich: »Liebe geht durch den Magen«. Aber eben auch am Gaumen und den Geschmacksnerven vorbei.

»Welche Tüte hast du zum Süßen des Kuchens genommen fragte ich«, wenngleich man es schon deutlich herausschmeckte.

Clara schaute mich mit großen Augen an und fragte nur:

»Meinst du, dass es einen großen Unterschied macht, ob man Salz anstelle von Zucker beim Anrühren des Teiges nimmt? Sieh es einfach so Frank, mit zunehmendem Alter ist die Gefahr von Altersdiabetes sehr groß. Und da ich dich liebe, wollte ich dem vorbeugen.«

Im Laufe des Ehelebens lernt man die Kernkompetenzen seines Partners kennen und schätzen. Backen gehörte eindeutig nicht zu denen meiner Frau. Nachdem die Geschichte in unserem Freundes- und Bekanntenkreis herumgegangen war, hatte Clara den Vorteil, dass sie sich nie mehr an irgendwelchen Kuchentafeln zu Feierlichkeiten beteiligen

musste. Fragte sie nach, ob sie etwas backen solle, erhielt sie den gut gemeinten Hinweis:
»Lass mal Clara, es kommen bestimmt genug Kuchen zusammen, das reicht. Und du hast ja auch immer so viele andere kreative Einfälle und so wenig Zeit ...«
Richtig fürsorgliche Freunde und Bekannte haben wir.

Auch beim Waschen unserer Familienwäsche ist meine Clara ganz in ihrem Element. Und weil mein Sohn und ich sie so lieb haben, geben wir ihr auch immer bedingungslos unsere ganze Wäsche. Wir nennen das »Vertrauensbeweis«. Stellen Sie sich bitte mal vor, wir würden unsere Wäsche anderen, fremden Personen zum Waschen geben. Wie gedemütigt müsste sich Clara fühlen? Würde es doch am Ego jeder guten Mutter nagen, wenn ihre eigene Familie ihr das Vertrauen in ihre hausfraulichen Fähigkeiten entzieht. Zugegeben, beim Sortieren der Wäsche und dem Befüllen unserer Waschmaschine hören wir öfter mal so Sätze wie:
»Ihr könntet ruhig mal mithelfen! Ich bin nicht allein für die Wäsche und den Haushalt zuständig!«
Ich erkläre dann unserem Sohn immer, dass das ähnlich ist wie bei den Hunden. Der eine bellt, der andere knurrt, wenn unliebsame Aufgaben vor ihm liegen. Aber im Grunde wollen beide niemandem was tun, sondern nur spielen. So ist das auch bei Clara. Sie brummelt und knurrt, hilft dann aber am Ende doch noch unserer »Waschfee«, in ihre Umdrehungen zu kommen. Schwierig wird es für mich immer dann, wenn Clara der Meinung ist, ich könne ruhig mal die Wäsche aus der Waschmaschine in den Trockner räumen. Das sind für uns Männer, insbesondere für mich, Aufgaben, die nahezu unlösbar erscheinen. Gut, dass mir da neuzeitliche Internet-Suchdienste helfen konnten, die Bedienungsanleitung zu verstehen und umzusetzen.
Clara ist manchmal eine ziemliche Minimalistin. Da darf sie nun schon unsere Wäsche waschen und trocknen. Anstatt sie jedoch danach gleich in die entsprechenden Fächer unserer Männerschränke zu packen, legt sie uns immer Wäschestapel hin, die wir dann selber wegräumen müssen. Manchmal entsteht der Eindruck, sie wolle uns zeigen, dass wir im Haus-

halt mehr mithelfen müssten. Demonstrativ stellt sie z. B. die Mülltüten vor unsere Wohnungstür. Ich muss sie dann immer zur Seite stellen, nicht dass noch jemand darüber fällt. Geht sie schließlich irgendwann entnervt und mit den Mülltüten bepackt nach unten in Richtung Mülltonne, schaffe ich es meist gerade noch, kurz vor dem Ausgang zu fragen, ob ich ihr helfen könne. Die Tür hätte ich ihr ja gern aufgehalten. An der Effektivität unserer Handlungsabläufe müssen wir noch arbeiten. Denn ich will ja auch noch lange mit Clara verheiratet bleiben.

Und dann haben wir noch Ben. Ben ist jetzt 17 und im Grunde ein toller Junge. Nur mit der Hilfe im Haushalt hat er es nicht so, dafür kann er aber auch nichts. Das ist angeboren. Als er das Licht der Welt erblicken sollte, kam er schon nicht alleine aus dem Mutterleib gekrabbelt, sondern fühlte sich im »Hotel Mama« so wohl, dass wir noch im Kreißsaal eine Räumungsklage erzwingen mussten und er per Kaiserschnitt geholt wurde. Und das setzte sich so fort.

Als Kleinkind hatte Ben ganz konkrete Vorstellungen von seinem späteren Leben. Stolz verkündete er seinem Opa, der ihn vom Kindergarten abholte, seine Zukunftspläne:

»Du Opa, wenn ich mal groß bin, werde ich genau das Gleiche wie du. Da habe ich auch immer Zeit und viel Geld.«

Stimmt, dachte ich, Opa ist Frührentner und hat beim Abholen seines Enkels immer so viel Geld dabei, dass es für ein Eis oder Bonbons reicht. Ob im Kindergarten, in der Grundschule oder jetzt auch auf dem Gymnasium: Unser Ben versucht immer, mit minimalem Einsatz an Arbeits- und Vorbereitungszeit das Maximale herauszuholen. Das ist evolutionstechnisch auch sinnvoll. Was mich verwundert ist, dass er mit der Methode zumindest immer sein Soll-Ziel erreicht. In unserem Sohn schlummern so viele Talente. Sein größtes ist allerdings, die anderen Talente nicht richtig für sich zu nutzen. Interessiert er sich aber wirklich für bestimmte Dinge, dann kennt er kein Limit und zeigt vollen Einsatz. Das lässt uns immer wieder hoffen. So weiß Ben alles über Fußball und ist technisch richtig gut am Ball! Nur fällt es ihm schwer zu verstehen, dass man dabei auch laufen muss und konditionell mehr

Trainingseinheiten einlegen sollte, um für seine Mannschaft auf Dauer unersetzbar zu werden.

Bei seinem ersten Spiel als kleiner Fußballer stand er hinten in der Abwehr und betrachtete das Treiben in der gegnerischen Hälfte. Mit seiner schon damals typischen Haltung – Hände in der Hüfte, damit man das Spiel entspannt überlebte – stand er da und sah auf dem benachbarten Rasen plötzlich: Gänseblümchen. Ben verließ seine Position auf dem Spielfeld, um für seine Mutter einen Blumenstrauß zu pflücken. Während sein Trainer und die anderen Väter über die Aktion nicht wirklich erfreut waren, erntete er von den mitgereisten Muttis Applaus und Bewunderung. Etwas irritiert, aber dennoch lächelnd nahm er die Endlospredigt seines Trainers hin. Sowas brachte Ben nicht aus der Ruhe. Hauptsache, Mama freute sich.

Unser Ben erlebte sein Umfeld oft anders als wir. Er beobachtete viel und versuchte sich sein eigenes Bild von der Welt und ihren Bewohnern zu machen, um im Nachgang alles auszuprobieren, was ihn begeisterte. Während alle Kinder im Kindergarten (miteinander) spielten, saß Ben am Rande und beobachtete das Geschehen. Nachmittags, wenn wir ihn vom Kindergarten abholten, spielten wir die Szenen des Tages bis zum Abwinken zu Hause nach. Er brauchte das, um ein Stück Sicherheit im Alltag zu erlangen. In seiner Welt hatte unser Sohn viel gesehen und beobachtet, was ihn mitunter zu fantasiereichen wilden Geschichten veranlasste, die er nur uns erzählte, das glaubten wir jedenfalls.

Eines Morgens, als ich Ben in den Kindergarten brachte, kam Frau Grumpler, die sonst so fröhliche Erzieherin unseres Sohnes, auf mich zu und räusperte sich mehrmals:

»Herr Hartmann wir müssen dringend ein Gespräch führen. Und es ist wichtig, dass Ihre Frau auch daran teilnimmt«, lauteten die ernsten Worte der Pädagogin.

Zum vereinbarten Termin waren neben meiner Frau auch die zweite Erzieherin und die Leiterin des Kindergartens erschienen. Nach etwas freundlichem Geplänkel kam die Leiterin der Kita auf den Kern des Treffens.

»Ben hat Frau Grumpler anvertraut, dass er Ihnen, Herr Hartmann, abends, wenn Sie nach Hause gekommen sind und auf der Couch liegen, immer Bier aus dem dunklen Keller holen muss. Das finde ich unverantwortlich!«

Mein Einwand, dass ich überhaupt kein Bier trinken würde, wurde von drei Augenpaaren, die zugleich auf meinen Bauch schauten, in Frage gestellt. Clara, die amüsiert zugehört hatte, erkannte die Situation sofort und streichelte über meinen wohlgeformten Bauch und erklärte:

»Der ist nicht sexy, kommt aber nicht vom Bier, sondern von zu vielen Schokoladenriegeln am Abend. Außerdem haben wir überhaupt keinen Vorratskeller, in dem wir irgendetwas lagern können. Dort stehen nur unsere Fahrräder.«

Nicht ganz von der Aussage meiner Frau überzeugt, versuchten die aufmerksamen Pädagoginnen Clara moralisch auf ihre Seite zu ziehen und gaben sich verständnisvoll. Sie versuchten sie zu ermutigten, sich ihnen gegenüber zu öffnen, um mit ihrer Hilfe dem Macho (damit war wohl ich gemeint, der abends Bier trinkend auf der Couch lag und seinen Sohn als Sklaven hielt) zu zeigen, was ein Familienvater wirklich für eine Verantwortung zu tragen hatte. Claras herzhaftes Lachen zerriss die angespannte Atmosphäre. Mich als trinkenden Macho abgestempelt zu sehen, fand sie ausgesprochen lustig und sie beteuerte noch einmal, dass ich abends vielmehr mit meinem Sohn stundenlang auf dem Fußboden liegen würde, um mit Matchbox-Autos Autobahnen zu bauen und Städteplanungen vorzunehmen, was wiederum sie, Clara, oft zur Verzweiflung brächte, weil sich keiner von uns beiden für ihre Bastelarbeiten interessiere.

Das Gespräch endete damit, dass meine Frau ein Blatt mit Adressen von Selbsthilfegruppen für Frauen und ich eine Adresse der Anonymen Alkoholiker bekam.

Danke Ben, dachte ich, und an Clara gewandt stellte ich fest:
»Wie schön ist es doch, so ein fantasievolles Kind zu haben.«
»Darauf können wir stolz sein«, pflichtete meine Frau mir bei.
Ein paar Tage später versuchte Clara noch einmal im Gespräch mit Ben herauszufinden, wie er eigentlich auf diese absurde Geschichte gekommen

war. Ben erzählte, er hätte mal einem Film gesehen, wo der Vater ganz viel Bier trank und immer, wenn es alle war, musste sein Sohn in den gruseligen Keller, um Nachschub zu holen. Und da wären ganz viele Spinnen gewesen.

»Außerdem trinkt der Vater von Jonathan aus meiner Gruppe auch immer Bier, wenn er zu Hause ist«, plapperte unser kleiner Ben weiter. Nach einer kleinen Pause fragte Ben plötzlich seine Mutter:
»Ist Papa ein richtiger Papa?«
»Wie kommst du denn auf die Frage?«, wollte Clara erstaunt wissen.
»Na, weil Papa kein Bier trinkt«, kam die besorgte Antwort unseres Sohnes zurück.

Ein echter Spießer

Es gab Zeiten in der Entwicklung unseres Sohnes, da habe ich Angst gehabt, dass er später ein kleiner Spießer wird. Seine Eltern sind ja in ihrer Art ein bisschen chaotisch und haben jeweils einen sehr zeitintensiven Job, sodass für unseren Ben klare Regeln ganz wichtig waren. Zu der Annahme, dass er später mal ein kleiner Spießer werden könnte, gehörte auch seine Grundehrlichkeit.
Clara und ich saßen noch am Frühstückstisch und unterhielten uns über Sarah, die Schwester meiner Frau. Ben lag wie immer am Ende unseres langen Wohnungsflures und spielte mit seinen Autos. In einem Nebensatz meinte ich zu Clara, dass Sarah auch manchmal Haare auf den Zähnen hätte. Tage später stand, ganz unerwartet, am Nachmittag meine Schwägerin Sarah vor der Tür und wir tranken, harmonisch plaudernd, in friedlicher Runde unseren Kaffee. Ben saß seiner geliebten Tante Sarah gegenüber. Plötzlich stieg er aus seinem Kindersitz, krabbelte über den Tisch und drückte Tante Sarah den Unterkiefer herunter, um ihr lange in den Mund zu schauen. Nach einer Weile drehte er sich zu mir um und sagte ganz laut:

»Papa, du bist ein Lüger, Tante Sarah hat gar keine Haare auf den Zähnen.«
Die anschließende Konversation können Sie sich sicherlich vorstellen.
Danke Ben.
Bei einer unseren vielen gemeinsamen Autofahrten, kamen Ben und ich in eine Verkehrskontrolle. Der Beamte, der die Kontrolle durchführte, nahm seinen Job sehr ernst und hatte wahrscheinlich sein Lächeln zu Hause vergessen. Während der Kontrolle hatte Ben eine super Idee:
»Papa, du könntest doch dem Polizisten ein Küsschen geben, dann ist er bestimmt auch wieder lieb zu dir.«
Eine geniale, wenn auch nicht ganz einfach umzusetzende Idee. Als ich dem Beamten diesen Vorschlag unterbreitete, wurde dieser noch griesgrämiger. Während er stur eine Halterfeststellung veranlasste, stellte ich leise murrend fest:
»Was für ein Korinthenkacker!«
Irgendwann gab der Polizist mir endlich die Papiere zurück, wir hätten eigentlich weiterfahren können. Doch da fragte Ben den Polizeibeamten, warum er denn ein Korinthenkacker sei, was unseren Aufenthalt am Straßenrand nicht gerade verkürzte. Die aus meiner Sicht überzeugende Ausführung, dass ich meinem Jungen erzählt habe, dass er, der Herr Polizist, kein »Kontaktbeamter« sei, wollte er nur nach langen Diskussionen und einer mündlichen Verwarnung gelten lassen.
Bens feines Näschen und Gespür fürs Detail führten auch bei manchem Spielplatzbesuch zu bizarren Situationen. Sah ich einer anderen Frau etwas länger hinterher, weil ich diese attraktiv fand, blieb das Ben nicht verborgen. Wenn ich mich auf dem Spielplatz angeregt mit anderen Müttern unterhielt, lachte oder einen Kaffee trank, kam mein Sohn auf uns zu, musterte die Damen, und stellte dann im feinsten Lokal-Dialekt fest:
»Ge, Papa, wir haben doch auch eine schöne Mama zu Hause?!«
Da waren die Fronten gleich geklärt und Missverständnisse konnten gar nicht erst entstehen.
Danke Ben!

Die Ähnlichkeit zum Vater

Manchmal stellen wir Männer uns die Frage, ob das Kind, das wir großziehen, wirklich unser eigen Fleisch und Blut ist. Zugegeben, dieser Zweifel ist oft ungerechtfertigt und nagt an dem Grundvertrauen, das man in einer Beziehung haben sollte. Diesen Zweifel brauchte ich jedenfalls nie zu haben. Mein Sohn sah in seinen Kindertagen genauso aus wie ich als kleiner Junge. Ben hat (Gott sei Dank) die Nase und die weichen Gesichtszüge seiner Mutter mitbekommen, ist mir aber in seinem Gesamterscheinungsbild wie aus dem Gesicht geschnitten.
Als wir bei einem Besuch auf dem Friedhof am Grab meiner Großmutter standen, trafen wir eine Dame, die um die 90 Jahre alt war und meine Großmutter und mich als kleinen Jungen noch gut in Erinnerung hatte. Sie ging auf Ben (5 Jahre) zu, streichelte ihn und sagte:
»Na, Fränkilein, besuchst du deine Oma?«
Dass der große Frank neben ihr stand und mittlerweile knapp 40 Jahre alt war, hatte sie, die schon seit Längerem in ihrer eigenen Welt lebte, nicht mehr erkannt.
Die Frage, ob man später mal so aussehen wird wie seine Eltern, beschäftigt Kinder immer wieder. Ben insbesondere. Bei einer Busfahrt in die Autostadt nach Wolfsburg mit den Fachschülern meiner Automobilklassen, die ich als Dozent betreue, saß Ben neben mir. Der Bus bog ab, um eine Pause einzulegen und mein Sohn fragte mich, ob er später mal genauso aussehen würde wie ich.
»Klar«, antwortete ich voller Stolz. »Du wirst mir sicherlich sehr ähnlich werden«, worauf mich Ben immer wieder mit großen Augen anschaute. Als wir ausstiegen, fing Ben fürchterlich an zu weinen und ließ sich auch kaum beruhigen. Alle Mädels der Klassen stürzten sich auf ihn und umsorgten den »armen Jungen«. Als sie ihn fragten, warum er so weinen würde, antwortete er schluchzend:
»Ich will mal später nicht so aussehen wie mein Papa und so einen hässlichen Bart haben.«

Danke Ben, dachte ich leicht resigniert, und die Schüler hatten ihr Gesprächsthema für den Rest der Fahrt gefunden.

Es gibt Prinzipien, die sollte man vom Vater zum Sohn vererben. Als ich klein war, bestand mein Vater darauf, dass ich reiten lernen sollte. Ich hatte mit Pferden nicht viel zu tun. Ich wusste, dass mein Vater zwei Reitpferde besaß und er ein regional bekannter, großartiger Reiter war. Das war aber auch schon alles. Es wäre sicherlich nützlicher gewesen, mein Vater hätte mir beigebracht, wie man mit Handwerkszeug umgehen musste. Aber hätte, hätte…

Was mich nun als Vater antrieb, meinen Sohn reiten lernen zu lassen, kann ich nicht erklären. Sicherlich war es der Wunsch, mit meinem Sohn später mal ausreiten zu können. Bens Interesse lag aber eindeutig bei dem Runden, das in die Ecke sollte. Während eines Urlaubs mit anschließender Dozententätigkeit in der Region der Sächsischen Schweiz lernte ich eine sehr freundliche und fachkompetente Reitlehrerin kennen und beschloss, dass Ben bei ihr so viel lernen sollte, dass wir anschließend ins Gelände ausreiten konnten. Ben war auf dem Reiterhof gut aufgehoben und absolvierte seine täglichen Reitübungen. Irgendwann rief mich die Reitlehrerin an, um mir zu sagen, dass ich jetzt dazukommen könnte, um nach dem Unterricht gemeinsam mit Ben auszureiten. Der Moment des Stolzes war ganz auf meiner Seite. Endlich konnte »Frank der Große« mit Ben ins Gelände reiten.

Es kam natürlich, wie es kommen musste: Ich hatte meinen Reiterhelm vergessen und nahm einen viel zu kleinen Helm vom Reiterhof, setzte mich aufs Pferd und ritt stolz in den Innenkreis der großen Reithalle. Natürlich musste an diesem für mich so feierlichen Tag eine Gruppe junger Studentinnen den Reiterhof besichtigten und just in dem Moment an der Bande der Reithalle stehen, als ich losritt. Ich wurde den Eindruck nicht los, dass sie mich amüsiert musterten. Ben war noch mit seinen Übungen beschäftigt und bemerkte mich erst sehr spät. Auf einmal rief er laut durch die Halle:

»Papa, Papa, steige schnell vom Pferd ab!«

»Warum?«, rief ich erstaunt zurück.

»Na, das Pferd bricht durch, wenn du drauf sitzt.«
Lautes Gelächter drang an meine Ohren.
Danke, Ben!
Die Jahre der Kindergarten- und Grundschulzeit verliefen ansonsten sehr harmonisch. Waren es in den Kindertagen die Spielzeugabteilungen der großen Kaufhäuser in den Städten, die wir irgendwann wie unsere Westentasche kannten, da wir dort oft stundenlang verweilten, so änderte sich das mit zunehmenden Alter unseres Sohnes und wir harrten fortan ausschließlich in den Sportgeschäften der Einkaufsmetropolen aus.
Es ist schon verwunderlich, wie viele Fußballschuhe ein Junge besitzen muss. So reicht es nicht aus, Fußballschuhe für Echtrasen, Kunstrasen oder Schotter zu haben, es muss auch noch die passende Marke, Farbe und das neuste Modell sein, was uns als Eltern stets überfordert. Mal abgesehen von der Zeit, die bei der Auswahl des Glück bringenden Schuhs draufging. Glück bringend deshalb, weil auch Podolski, Müller und Co. diese trugen. Diverse Berufswünsche, wie Straßenbahnfahrer, führten gerne dazu, dass wir intensiv die öffentlichen Nahverkehrszüge testen durften, z. B. in Dresden, Rostock, Prag oder Berlin.
Zunächst einmal hieß es aber, für Ben die richtige weiterführende Schule zu finden. Wie für die meisten Eltern war dies der Zeitpunkt großer Verzweiflung und tausender Fragen. Clara und ich hätten es gern gesehen, wenn unser kleiner Träumer noch zwei bis drei Jahre länger mit seinen derzeitigen Klassenkameraden die Schule hätte besuchen können. Aber leider sah das deutsche Schulsystem zum damaligen Zeitpunkt so eine Schulform nicht vor. Also mussten wir eine Wahl treffen, und das war echt schwer, schließlich wollten wir Ben nicht die Zukunft verbauen und hofften, alles richtig zu machen.
Sein damaliger Berufswunsch, immer noch Straßenbahnfahrer, brachte uns leider nicht weiter. Also entschlossen wir uns, ihm eine solide Ausbildung zukommen zu lassen und meldeten Ben kurzerhand am Gymnasium an. Es gibt Warentestberichte über Staubsauger und Reiseberichte von Hotels aus der ganzen Welt. Aber glauben Sie mir, es gibt keine Berichte über die Schulen Ihrer Stadt, die unzensiert einen Überblick über die

Lehrer und deren Aktivitäten sowie über den Schulalltag wiedergeben. Selbstverständlich schildern die Schulleiter ihre Arbeit im besten Licht. Nachdem wir uns für ein Gymnasium, das acht Kilometer von unserem Wohnort entfernt war, entschieden hatten, stellte ich einen Antrag auf Fahrgelderstattung. Kurze Zeit später erhielt ich vom entsprechenden Schulamt den Ablehnungsbescheid:

»Sehr geehrter Herr Hartmann,

wir müssen Ihren Antrag ablehnend bescheinigen.
Sie wohnen in einem Bereich von 3 km Luftlinie vom Wohnort zum gewählten Gymnasium und haben daher keinen Anspruch auf die Erstattung oder Beihilfe zum monatlichen Fahrgeld.

Hochachtungsvoll

H. Wunderlich
Schulamtsleiter«

Innerhalb von 14 Tagen könne man einen Widerspruch gegen den Ablehnungsbescheid einlegen, stand in dem Schreiben weiter. Davon habe ich sehr gern Gebrauch gemacht.

»Sehr geehrter Herr Wunderlich,

ich bedanke mich für den Ablehnungsbescheid und die neue Sichtweise hinsichtlich der Transportmöglichkeiten zur Schule meines Sohnes.
Kann Ihre Ausführungen aber noch nicht ganz nachvollziehen. Mir war bisher nicht klar, dass die Kinder zum Gymnasium geflogen werden!
Bei der Berechnung der Entfernung ging ich bisher immer von der Wegstrecke aus, die der Bus zurücklegt, und nicht von der tatsächlichen Flugentfernung.

*Ich muss Ihrem Bescheid zufolge aber davon ausgehen, dass Ben demnächst zur Schule geflogen wird, da Sie bei der Ablehnung des Antrags zur Berechnung der Entfernung vom Wohnort zur Schule die Luftlinie zugrunde legten.
Bitte teilen Sie mir die nächstgelegene Start- und Landebahn für den Direktflug zum Gymnasium mit und wenn möglich auch, ob es Fluggemeinschaften gibt, denen sich Ben anschließen kann, da wir nicht über das nötige Fluggerät verfügen und auch nicht über die finanziellen Möglichkeiten für dessen Beschaffung.*

*Mit freundlichen Grüßen
Frank Hartmann«*

Kurz darauf rief mich Herr Wunderlich persönlich an und fragte, ob ich ihn verarschen wolle. Ich frage mich bis heute, wer von uns beiden damit angefangen hat?

Das Pubeltier

Pubeltiere sind uns fremd gewordene Lebewesen, die bis vor Kurzem noch als unsere lieben kleinen Kinder in unserem Haushalt lebten. Es sind Mitbewohner der Familien-WG, die wir wegen ihrer offenen, ehrlichen Art zu lieben gelernt haben. Die unseren Halt, unseren Rat und unsere Nähe suchten und auch bekamen. Kleine süße Wesen, die uns so viel Freude bereiteten.
Aber irgendwann kommt der Moment, in dem biologisch ein Reifeprozess bei unseren Kindern einsetzt und sie zu kleinen bis mittelgroßen Monstern mutieren lässt. Ich nenne diese Lebewesen in der Reifephase gerne Pubeltiere. Den Begriff habe ich bewusst gewählt, weil ich glaube, dass das »L« in dem Wort weicher und liebenswerter klingt. Und ich bin ganz sicher, dass wir alle unsere pubeltierenden Kinder trotz allem noch

lieb haben. (So habe ich also das liebenswerte »L« anstelle des harten »R« im Wort eingefügt.)
Lieben wir unsere kleinen, Zahnspange tragenden Pickel-Monster in der Pubeltät nicht gaaanz besonders?! Ja, es gibt Momente, da könnte man sie auf den Mond schießen und bewusst, in voller Absicht, vergessen, den Rückflug zu buchen. Gäbe es ein Kinderleasing über den Zeitraum bis zum Erwachsenwerden, wünschten sich manche Eltern bestimmt, in der Zeit der Pubeltät das Leasing auszusetzen. Manche würden gern bei ebay Folgendes einstellen:

Vermiete gewöhnungsbedürftiges Pubeltier
Härtegrad Stufe III
Gern auch kostenfreie Anlieferung
Reklamation, Umtausch oder Rücknahme vorerst grundsätzlich ausgeschlossen!

Wegen Pubeltät vorübergehend geschlossen

Pubeltät ist mehr als Pickel, oder: Wie liebt man einen Kaktus? So oder ähnlich umschreiben wir Eltern gern diese Zeit. »Peinlich« war ab sofort unser zweiter Vorname. Zumindest, wenn es nach der Einschätzung von Ben ging. Ben konnte in dieser Zeit zaubern. Er schaffte es immer wieder, uns in kürzester Zeit in ein Wechselbad der Gefühle zu zaubern. Glücksgefühle, wenn wir darauf stolz waren, was er gerade gemacht hatte, und zutiefste Enttäuschung, wenn wir durch verbale Attacken verletzt wurden oder er wieder einmal alle Viertelstunde seine 3-mal-5-Minuten-Anfälle durchlebte, die sich in einer übermäßigen Kontaktaufnahme in Form des Kräftemessens äußerte oder darin, dass er permanent nervende akustische Störgeräusche machte, ohne auf ein Stoppzeichen zu reagieren. Da galt es, einfach durchzuhalten und abzuwarten, bis diese Phase abklingt.

Dinge, die wir bisher in unserer Familie als richtig und wichtig erachtet hatten, wurden nun durch Ben in Frage gestellt. Clara und ich mussten lernen, dass wir für unser Handeln stets den Spiegel vorgehalten bekamen. Nur verwunderte es uns, dass wir sehr unterschiedliche Spiegelbilder wahrnahmen. Wenn Clara so unbekümmert durch die Wohnung schoss und wieder einmal versuchte, neue Tanzschritte zu erproben und dabei oft über sich selber lachte, wurde dies sofort mit dem Satz kommentiert:
»Mama, du bist so peinlich.«
Versuchte ich mit viel Überzeugungskraft meinen Sohn dazu zu bewegen, zum Wochenendgrundstück mitzufahren, hörte ich immer nur:
»Papa, straff dich mal! Du musst lernen, zu chillen!«
Oder auch gern genommen:
»Scheiß Garten, das ist für mich der Hassgarten. Kein Telefonempfang, kein Internetempfang und WLAN ist in dem doofen Ort auch noch eine Erfindung, die da erst im nächsten Jahrhundert ankommt.«
Was mich in der Phase der Pubeltät unseres Sohnes immer wieder erstaunte, war die innere Ruhe, die Ben an den Tag legte und die es ihm ermöglichte, viele Sachen gelassener anzugehen. Ich versichere an dieser Stelle, dass wir unseren Sohn nie überfordert haben. Es gibt aber nun mal Aufgaben, die grundlegend zu einem Gemeinschaftsleben oder zum Überleben gehören. Dennoch war es schon irgendwie bewundernswert, wie Ben es geschafft hat, auch diese Aufgaben gar nicht oder nur sehr minimalistisch zu bewältigen. Eine dieser immer wiederkehrenden Aufgaben war es, den Raum, der früher als Kinderzimmer deklariert und als solches auch genutzt worden war, so herzurichten, dass man wenigstens auf einem schmalen Pfad von der Tür zum Fenster gehen konnte, um dieses gelegentlich zu öffnen.
Nun muss man wissen, dass frische Luft aus Sicht der pubeltierenden Menschen dem Fortgang ihrer Entwicklung immens schadet und sie aus diesem Grund der Bitte nach einer freien Gasse zum Fenster nicht nachkommen können. Eine Bewegungsbereitschaft für solche unnützen Wege wäre auch wider die natürliche pubeltäre Entwicklung gewesen. So fand ich es schon sehr beeindruckend, dass Ben es schaffte – natürlich gerade so und mit

letzter Kraft – , aus der Schule nach Hause zu laufen. Allerdings, um sich dann sogleich auf sein Bett zu schmeißen und sich fortan nicht mehr zu bewegen, na gut, vom Tippen auf dem Handy mal abgesehen. Ab sofort galt dann das Motto »TTV« – Tarnen, Täuschen, Verpissen.

Wenn Ben sich vom Schulstress ein wenig erholt hatte, zog er – ohne das Bett zu verlassen – den Schulrucksack zum Bett, erledigte bei lauter Musik und nebenher laufendem Fernseher die Hausaufgaben. Wenn Clara oder ich intervenierten, dass man so unmöglich Hausaufgaben machen könne, bekamen wir zur Antwort, er könne das. Hausaufgaben oder das Lernen für bevorstehende Arbeiten riss er immer im Last-Minute-Verfahren herunter. Oft kam Ben am Abend ins Wohnzimmer, um uns vorzustöhnen, was er doch für furchtbare Rückenschmerzen hätte. Unseren Einwand, dass die Rückenschmerzen von dem ständigen Sitzen und Liegen auf seinem Bett kämen, ließ er nicht gelten.

Wenn man so ein Pubeltier zu Hause wohnen hat, dann muss man als Eltern bereit sein, viel Neues zu lernen und zu akzeptieren. War es früher immer so, dass wir wochentags wie auch am Wochenende bemüht waren, gemeinsam zu frühstücken, so änderte sich das schlagartig mit Beginn der Pubeltät.

»Wie es ist schon halb zwei Uhr? Und *nein,* ich nehme nicht am betreuten Mittagessen teil«. Das Wecken vor den späten Mittagsstunden wurde von Ben mit muffeliger Laune und einem dauerhaft bösen Blick bestraft. Hatten wir den Tisch abgeräumt, egal, nach welcher Mahlzeit, kam unser Pubeltier aus seiner Höhle, um die Nahrung direkt aus dem Kühlschrank einzunehmen. Nachdem dieses geschehen war, verschwand das Wesen, das wir bis zu dieser Zeit noch unseren Sohn genannt hatten, wieder auf unbestimmte Zeit in seinem Bau. Dieser Vorgang wiederholte sich im Laufe des Tages mehrmals und zuweilen auch in der Nacht. Während andere junge Menschen seines Alters gern mit Hosen, die unterm Hintern hingen, und schwarzen, Fußschweiß treibenden Stiefeln durch die Lande zogen, war unser Ben in der Pubeltät über alle Maßen modebewusst. Alles musste aufeinander abgestimmt und am besten noch mit einem Label versehen sein.

»Es war schon immer etwas Besonderes, einen guten Geschmack zu haben«, lautete das Credo unseres Sohnes. Meinen Einwand, dass dieser gute Geschmack auch einen veritablen Geldbeutel voraussetzte, tat er mit den Worten ab:
»Dann streng dich mal an, mehr Geld zu verdienen.«
Hier war mein zahnärztliches Halbwissen gefordert, um ihm diesen Zahn recht früh zu ziehen. Was in dieser Zeit erschwerend hinzu kam, war der Umstand, dass Pubeltiere auch stetige Wachstumsschübe haben, die uns Eltern in die Pflicht nehmen, neue Kleidung zu kaufen. Während ich beim Schuhekaufen zum typischen Männerverhalten neige und in *einen* Schuhladen gehe, um maximal zwei Paar Schuhe anzuprobieren und danach sofort die Flucht zur Kasse anzutreten, um eines der beiden anprobierten Paare zu kaufen, so gehört Ben zu der Gattung »Rate mal, wie viele Schuhgeschäfte es in unserer Stadt gibt«.
»Papa, ich brauche dringend neue Schuhe«, waren eines Tages die beschwörenden Worte meines Sohnes. Also ging ich mit ihm in die Stadt. Hatte ich früher noch ein Beratungsveto oder gar ein Mitbestimmungsrecht bei der Wahl seiner Schuhe, so musste ich lernen, dass meine Meinung nunmehr so ganz und gar nicht gefragt und mein Schuhgeschmack vor allem überaus peinlich war.
Haben Sie schon mal bewusst darauf geachtet, wie viele Schuhgeschäfte es in Ihrer Stadt gibt? Wenn nicht, empfehle ich Ihnen, beim nächsten Schuhkauf ein Pubeltier mitzunehmen und Sie lernen die Schuh-Einkaufswelt Ihrer Stadt neu kennen. Nach gefühlten zwölf Schuhläden und einer immer wiederkehrenden Diskussion darüber, weswegen es unbedingt Like-Schuhe sein müssten, wo doch auch andere Läden schöne Schuhe hätten, bekam ich wieder mal die Antwort, Ben lebe doch sehr bescheiden, und alle anderen würden von ihren Eltern gute Schuhe kommen, nur wir wären so geizig. Um den Druck auf mich zu erhöhen, hatte er schon per Handy seine Freundin, diverse Beraterinnen und seinen Kumpel angerufen, die auch rein zufällig in der Stadt und sofort zur Stelle waren, um ihm beratend zur Seite zu stehen. Nun wollte der »Prinz« mit seinem »Beraterstab« durch die Läden ziehen, und der blöde

Vater wäre als Finanzminister hinterher getrottet. Dem Treiben musste ich ein Ende setzen. Ich beschloss, mit dem gesamten »Hofstaat« an einem Kaufhaus zu halten, das Ben zu peinlich fand, um dort einzukaufen. Alle von Ben herbeigerufenen Berater bat ich, mir bei der Auswahl eines Hemdes behilflich zu sein. Das war die größte Strafe, die ich unserem Sohn zuteil werden lassen konnte.

»Wie peinlich ist das denn?«, fauchte er mich an. »Was sollen die anderen jetzt von uns denken!«

Das Hemd war schnell gekauft, und die geplante gemeinsame Suche nach ein paar Schuhen danach sofort von Ben beendet.

»Du kannst mir ja das Geld für die Schuhe geben und dein Hemd nach Hause tragen. Wir können ja auch noch mal alleine nach Schuhen gucken«, war sein Vorschlag.

»Gerne«, antwortete ich. »Hier hast du 60 € für ein paar gute Schuhe, aber versuche, nicht alles auszugeben.«

»Sehr witzig«, kommentierte Ben meine milde Gabe.

An der Stelle muss man wissen, dass Like-Schuhe nicht unter 100 € zu bekommen sind, es sei denn, sie stammen aus dem »vorigen Jahrhundert«. Der gemeinsame Einkaufstrip der jungen Leute währte nicht lange.

»Deinen Auftritt in der Stadt hättest du dir sparen können. Das war oberpeinlich für mich. Aber letztendlich hast du dich ja selbst zum Obst gemacht. Sollen die ruhig wissen, dass ich so einen knausrigen Vater habe, der für seinen Sohn nur das Minimum für Schuhe ausgibt.«

In der Phase der Pubeltät ist es ganz wichtig, was die anderen von einem denken und welche Stellung man bei ihnen hat. Nur so ist auch die nachfolgende Story zu erklären.

Das Schuljahr der 9. Klasse näherte sich dem Ende und ich hatte als Elternvertreter den Vorschlag gemacht, an einem nahegelegenen See einen Grillabend mit Übernachtung der Teenies zu planen. Der Grillabend war in vollem Gange. Viele Eltern und Schüler, aber auch Lehrer waren der Einladung gefolgt und es war, zumindest für uns Erwachsene, ein lustiger, unterhaltsamer Abend. Ein Vater, der sich auch um die Location

gekümmert hatte, stellte das Radio der Campingplatzanlage an und sofort tanzten die Eltern und die Lehrer.
Wir hatten unseren Spaß.
Irgendwann tanzte ich mit der Englischlehrerin meines Sohnes. Wir hatten beide früher mal aktiv in unterschiedlichen Tanzkreisen getanzt. Also versuchten wir, unsere Jive-, Foxtrott- und Rumba-Kenntnisse aufleben zu lassen. Am Rande unseres Tanzvergnügens bemerkten wir, wie die Schüler uns irritiert beobachteten. Nach dem vierten Tanz ging Ben zu Clara, um sie unmissverständlich zu bitten, dass sie doch dem peinlichen Treiben ihres Mannes ein Ende setzten sollte. Clara versuchte unserem Sohn zu erklären, dass wir nur Spaß hätten und unser Familienleben dadurch überhaupt keiner Gefahr ausgesetzt wäre. Da ließ er sie stehen und kam am Ende des Liedes zu mir auf die Tanzfläche.
»Papa, du bist wieder voll peinlich. Wie kannst du so lange mit Frau Sommer tanzen? Was sollen meine Klassenkameraden jetzt von mir denken? Frau Sommer ist meine Englischlehrerin!«
»Dessen bin ich mir bewusst«, antwortete ich vergnügt. »Ich tanze hier auch nicht um bessere Noten für dich und will bei ihr auch nicht mein Abitur ablegen, sondern nur Spaß haben«, entgegnete ich. Worauf Ben prompt und aus innerer Überzeugung antwortete:
»Dass du alter Sack hier noch so rumhampelst, ist mehr als peinlich.«
Das saß.
Klar, ich war einer der wenigen Väter mit bereits ergrauten Haaren und um die 50 Jahre alt. Aber war ich deswegen ein »alter Sack«, der nicht mehr mit anderen tanzen durfte?
»Warum tanzt ihr denn nicht«, versuchte ich, mit einer Gegenfrage die Diskussion in eine andere Richtung zu lenken und mir den gelungenen Treffer meines Kindes nicht zu deutlich anmerken zu lassen.
»Ich bin Fußballer und nicht Rumhampler«, lautete die patzige Antwort.
Vor Einbruch der Dunkelheit begannen unsere Jugendlichen mit dem Aufbau der Zelte und mit dem Buhlen um die Zugehörigkeit zu den jeweiligen Gruppen, wer wo und mit wem übernachten würde. Wir

Eltern und Lehrer saßen am Lagerfeuer oder tanzten und ließen den Tag plaudernd ausklingen. Auf einmal stand Ben wieder neben uns und fragte, ob ich Johann und ihm beim Zeltaufbau helfen könnte. Das Zelt wäre jetzt bereits das zweite Mal in sich zusammengefallen. Der »alte Sack« machte sich also auf den Weg, um den Jungs beim Aufbau zu helfen. Ben wirkte verunsichert und wusste wohl selbst, dass er vorhin zu weit in seinen Äußerungen gegangen war. Als wir dann vor dem aufgebauten Zelt standen, warf er mir widerwillig und ganz kurz einen wohl nett gemeinten Brocken zu:
»Danke, war nett, dass du uns geholfen hast.«
Wie zur Bestätigung rief in diesem Moment ein Mädel aus dem gegenüberliegenden Zelt:
»Hey Ben, dein Vater ist eine coole Socke!« Sie kroch aus dem Zelt, tänzelte auf uns zu und plauderte einfach drauf los: »Ich wollte Ihnen nur mal sagen, dass die Organisation der Abschlussfeier super ist und die Mädels fanden es vorhin richtig toll, wie sie und Frau Sommer miteinander getanzt haben.«
Dem stimmten auch ein paar um das Mädchenzelt stehende Jungs zu. Meine Reputation war wieder ein klein wenig hergestellt.
Ben verstand die Welt nicht mehr, schüttelte den Kopf und kroch in sein Zelt.

Standby-Modus

Neben der Erkenntnis, dass man permanent peinlich ist, gehört auch die Erfahrung dazu, dass junge Menschen in der Pubeltät in bestimmten Situationen ihr Gehirn in den Standby-Modus geschaltet haben. Nur so lässt sich erklären, dass Vieles von dem, was wir Eltern unseren Kindern sagen, anders oder gar nicht ankommt bzw. von ihnen anders verstanden wird. Dabei sind unsere pubeltierenden Kinder aber immer der festen Überzeugung, bei allem im Recht zu sein.

Wir bekamen im Wochenendhäuschen überraschend Besuch von unserem Zimmermann, der mit mir die Konstruktion der zu bauenden Terrasse bereden wollte. Um in Ruhe mit ihm sprechen zu können, bat ich Ben, sich um das Decken des Tisches zu kümmern und einen Kaffee zu kochen. Beim ersten Mal müssen die Worte haarscharf an seinem Gehörgang vorbeigerauscht sein. Ich hatte vorher extra geschaut, ob er seine Kopfhörer abgenommen hatte, um mich verbal verständlich machen zu können. Als nach einer ganzen Weile nichts passierte, fragte ich erneut und er schaute uns alle ganz unschuldig an und stellte fragend fest: »Ach, du hast mich gemeint?!«
Völlig überrumpelt von der Aufgabenstellung, bewegte sich Ben, ganz in sich ruhend, gewohnt gemächlich in Richtung Küche. Als der Tisch gedeckt und der Kaffee gekocht war, konnten wir unsere Gastfreundlichkeit unter Beweis stellen. Schon beim Eingießen des Kaffees wurde klar, was Ben vergessen hatte.
»Da kann ich nichts zu. Du hast gesagt, ich soll Kaffee kochen, und das habe ich auch gemacht. Von Filtertüten war nie die Rede.«

Im Frühjahr ereilte mich eine Speicheldrüsenentzündung und ich sah aus, als hätte ich in der linken Wange noch die Klöße vom Wochenende deponiert. So konnte ich nicht unter Menschen gehen. Also bat ich Ben, für die kommenden Tage einzukaufen. Dummerweise war Clara mit ihrer Klasse auf Klassenfahrt, sodass ich diese wichtige Aufgabe an das jüngste Familienmitglied übertragen musste. Ich gab ihm das letzte im Haushalt befindliche Bargeld in Höhe von 20 €, mit den Worten, er möge nur das Wichtigste für uns einkaufen. Unter anderem bat ich ihn, Aufschnitt, Mineralwasser und Toastbrot mitzubringen.
Stunden später kam mein Sohn von seinem Einkauf aus dem in der Nähe befindlichen Supermarkt wieder nach Hause. Er hatte die Wohnung noch nicht richtig betreten, da musste er mir sofort erzählen, dass sein Kumpel Niclas die neuen Sneakers von Like mal so eben zwischendurch von seinen Eltern bekommen hätte.
»Und, hast du alles bekommen?«, fragte ich Ben.
»Na ja, die Auswahl ist bei dem Supermarkt ja nicht so groß.«

Die Einkaufstüte blieb so im Flur liegen, wie Ben sie abgestellt hatte. Bevor ich mir wieder vorwerfen lassen musste, dass ich ja nur etwas vom Einkaufen und nichts vom Einräumen in den Kühlschrank gesagt hätte, nahm ich die Tüte und ging zum Kühlschrank. Beim Auspacken stellte ich fest, dass Ben alles Wichtige für die nächsten Tage eingekauft hatte: Haargel, Haarspray und Duschgel.

Mein Sohn saß wieder in seiner Höhle und verschickte die News über die neuerworbenen Like Sneakers von Niclas per Facebook und war mit sich zufrieden. Würde ich jetzt die Tür zur Höhle aufreißen und fragend hinein brüllen, wo die wichtigen Dinge wie Brot oder Aufschnitt und das Wasser geblieben wären, er würde mich wahrscheinlich verständnislos anschauen und nicht wissen, wovon ich redete.

Gegen Abend meldete sich eine Stimme aus der Höhle:

»Wann gibt es denn Abendbrot? Wenn Mama da ist, klappt das viel besser!«

Ich beschloss, meinen bereits am Kühlschrank gefassten Plan umzusetzen. Ich brachte ihm zwei beschmierte Brote in seine Zimmer.

»Äh! Was ist denn das für ein Ekelbrot? Was hast du da drauf geschmiert?«

»Ich hatte dich losgeschickt, die wichtigsten Dinge für unser Überleben einzukaufen. Da du weder Brot, noch Aufschnitt oder andere essbare Lebensmittel eingekauft hast, habe ich dir dein Brot mit Haargel beschmiert. Guten Appetit.«

»Du bist ja voll ätzend! Das geht ja gar nicht«, hörte ich ihn brummen.

Pubeltiere verstehen es, auf ihre Art zu überleben. Dessen war ich mir bewusst. Ein Gang zum Kühlschrank hätte Ben die Erkenntnis beschert, dass nun doch wieder essbare Sachen im Kühlschrank lagen, da ich trotz der in meiner Wange deponierten Klöße zum Supermarkt geschlichen war, um selber einzukaufen. Aber irgendwann hörte ich Ben im Flur.

»Ich gehe mal Oma und Opa besuchen, die freuen sich bestimmt.«

Es dauerte nicht lange, da rief meine Schwiegermutter an:

»Sag mal Frank, du kannst doch den armen Jungen nicht hungern lassen. Nur weil du im Moment nicht richtig essen kannst, heißt das noch lange nicht, dass Ben nichts Ordentliches zu essen braucht. Völlig

ausgehungert ist der Junge gewesen. Opa macht ihm gerade Spiegelei mit Bratkartoffeln. Und sag mal, stimmt das, was Ben uns erzählt hat? Du hast ihm eine Schnitte mit Haar-Gel serviert? Also, wenn Clara nicht da ist, klappt ja gar nichts. Nur gut, dass der Junge uns in der Nähe hat. Bei dir ist soweit hoffentlich alles in Ordnung?«
Bevor ich antworten bzw. mich rechtfertigen konnte, war das Essen für den kleinen Ben auch schon fertig und Oma hatte ihren Monolog beendet. Es war ja auch alles gesagt.
Ich habe aus der Pubeltät unseres Kindes gelernt, dass man dem heranwachsenden jungen Menschen weiterhin ein harmonisches Familienleben mit klaren Regeln vorleben sollte. Wichtig dabei ist, sich selber niemals so ernst zu nehmen und vieles in dieser Zeit mit einer gehörigen Portion Toleranz, Verständnis und Humor zu sehen. Formulieren Sie Ihre Wünsche und Anforderungen an Ihr Pubeltier klar und unmissverständlich. Und sollte das nicht helfen, schlagen Sie es mit seinen eigenen Waffen.

Ben und die erste große Liebe

»Sag mal Papa, wie findest du denn den Namen Anna-Sophie?«
»Schön«, antwortete ich gedankenversunken, während ich am Laptop meine nächste Vorlesung vorbereitete. Ich nahm aber dann doch die Brille ab, schaute Ben fragend an und versuchte herauszufinden, in welchem Zusammenhang er auf diesen Namen aufmerksam geworden war.
»Nur so«, war die knappe Antwort. »Wäre es sehr schlimm, wenn ich nicht bei deiner Geburtstagsparty dabei sein kann?«, fragte Ben etwas unsicher.
»Hm, es wäre schon schade. Aber wenn du etwas anderes an dem Abend geplant hast, dann ist das auch vertretbar«, antwortete ich ihm.
Sichtbare Erleichterung machte sich in Bens Gesicht breit.
»Ich habe für den Tag eine Einladung zu einer Party, aber die geht erst um 20 Uhr los.«
»Hat die Party etwas mit Anna-Sophie zu tun?«, forschte ich weiter.
»Könnte sein«, war die vielsagend-nebulöse Antwort.
Nun habe ich in der Phase der Pubeltät bereits oft erfahren müssen, dass unser Sohn verlernt hatte ganze Sätze zu sprechen und dass ich mich mit kurzen Antworten zufrieden geben musste.
Tage später kam Clara mich von der Arbeit abholen. Sie war ganz aufgeregt.
»Clara, was ist passiert?«, wunderte ich mich über die überfallartige Abholaktion.
»Lass uns essen gehen, ich habe etwas Wichtiges beobachtet«, schlug sie vor. Der Kellner hatte kaum die Chance, unsere Getränkebestellung aufzunehmen, da platzte es auch schon aus ihr heraus:
»Ich glaube … , ich vermute … , Ben ist verliebt und hat eine Freundin!!!«
»Dass er in ein Mädchen verliebt ist, ist doch schön! Aber du hättest doch bestimmt auch nichts gegen einen Jungen gehabt, oder?«, fragte ich sie augenzwinkernd.

»Mensch, hör doch mal auf! Unser Junge hat wahrscheinlich eine Freundin. Sie heißt glaub ich Anna-Sophie«, erzählte Clara aufgeregt und nicht ganz ohne Stolz, mir gegenüber so einen Wissensvorsprung zu haben.
»Weiß ich«, antwortete ich nur knapp.
»Wie, du weißt?«, fragte sie entsetzt.
»Was weißt du noch über das Mädchen? Wie sieht sie aus? Von wo kommt sie? Wo lebt sie? Wer sind ihre Eltern? In welche Schule geht sie?« Claras Neugierde hielt das ganze Essen auf. Ruhig erzählte ich ihr, dass Anna-Sophie wohl das ganze Gegenteil von unserem Sohn – im Aussehen wie auch im Wesen – sein müsse.
»Soweit ich weiß, kommt sie aus der Gothic-Szene, trägt grundsätzlich schwarze Klamotten und hat Piercings in der Nase und im Ohr«, fabulierte ich fröhlich weiter. Um meiner kleinen Schwindelei die nötige Aussagekraft zu verleihen, erzählte ich meiner Frau, dass ich Ben und Anna-Sophie auf dem Schulhof gesehen hätte. Clara schaute ungläubig und meinte dann:
»Am Montag wollen die beiden in die Erlebnistherme fahren. Am liebsten würde ich da mitfahren und mir das Mädchen mal anschauen.«
Gott sei Dank hatte sie montags immer einen langen Schultag, ging es mir durch den Kopf. Also versuchte ich gar nicht erst, auf diese Schnapsidee einzugehen.
Wer meine Clara kennt, der weiß, dass sie nicht neugierig ist, aber alles wissen muss.

Claras Schwimmbadbesuch

Plötzlich spielte eine andere Frau im Leben unseres Sohnes eine wichtige Rolle. Während wir Männer stolz auf unsere Söhne sind, wenn sie eine Freundin haben, bekommen die Mütter Beklemmungen und wissen oft nicht, wie sie mit der Situation umgehen sollen. Vor allem aber wollen sie alles über die »neue Frau« im Leben ihres Kindes wissen. Nur so lässt sich das folgende, aus objektiver Sicht völlig irrationale Verhalten meiner Frau erklären.

Clara tauschte ihren Unterricht mit einigen ihrer Kollegen und fuhr – ohne das mit mir abzusprechen – an besagtem Montag in die Erlebnistherme. Um von Ben nicht entdeckt zu werden und ihm als noch peinlicher aufzufallen als sonst schon, schlich sie immer wieder außen um die Therme herum. Leider konnte sie dort nicht genug sehen, also entschloss sie sich, den Eintritt doch zu bezahlen und ins Schwimmbad zu gehen.

Rein zufällig hatte Clara auch einen Bikini und ein Handtuch dabei. Nun musste sie sich nur noch so unauffällig wie möglich verhalten, um nicht erkannt zu werden. Es wäre auch so höchst unangenehm gewesen, da sie sonst immer montags einen langen Schultag hatte und diesen niemals (!) tauschen konnte. Und dann plötzlich alleine und ohne Schulkinder, mitten in der Unterrichtszeit, in einem Vergnügungsbad aufzutauchen … Also versuchte Agentin Clara Hartmann, inkognito weiträumig zu beobachten. Ihre bisher spärlich zusammengetragenen Informationen über Bens Freundin bestanden zu diesem Zeitpunkt nur aus meiner erfundenen Beschreibung der – mir auch noch unbekannten – Anna-Sophie. Aber, selbst gepiercte und sonst exotisch gekleidete Mädchen haben im Schwimmbad nur einen Bikini (Schrägstrich: Badeanzug) an und sind somit nicht leicht auszuspähen. Was Clara aus ihrer Deckung erkennen konnte war ein hübsches zierliches Mädchen mit langen braunen Haaren, das immer in Bens Nähe war. Sollte das etwa *DIE* Anna-Sophie sein und Frank doch eine falsche Information gehabt haben? Das musste meine Frau nun genauer in Erfahrung bringen. Ben und seine neue Freundin schwammen ins Außenbecken, wo es Nischen zum Zurückziehen gab. Jetzt war Claras Moment gekommen. Ende Oktober war es im Außenbereich, wenn man nicht gerade an den Nischen vorbei schwimmen wollte, zu kalt. Somit entschloss sich Clara, etwas überzuziehen, um an der verglasten Außenmauer das Treiben besser beobachten zu können. Es muss sicherlich komisch ausgesehen haben als Clara, nur mit Pullover und Hose bekleidet, an den Außenfenstern des Schwimmbads entlang hangelte.

»Junge Frau, was wird das, wenn es fertig ist?«, fragte die gestrenge Stimme des Bademeisters.

»Das mag komisch aussehen, aber ich versuche für die Vorbereitung meines Mathe-Unterrichtes die Glasfläche auszumessen, und ich rede nur deshalb so leise, weil ich eine Kehlkopfentzündung habe«, log Clara wie ein Profi.

»Und wenn Sie sich einfach in der Verwaltung die Abmaße hätten geben lassen?«, runzelte der Bademeister die Stirn.

»Das ist nicht das Gleiche«, entgegnete Clara, die ihre Arme zur Balance an den Scheiben des Schwimmbades ausgebreitet hielt und immer noch versuchte, sich an dem schmalen Fenstersims entlang zu hangeln.

»Mensch, machen Sie, dass Sie da runter kommen«, fluchte der Bademeister und ging wieder in das Innere der Therme.

Während Ben mit seiner Freundin ahnungslos mittlerweile in einem Whirlpool saß, hangelte sich Clara wieder in Richtung Eingang des Bades zurück. Kurz vor dem Eingang war ein großes Auffangbecken für das geklärte, neu aufbereitete Wasser des Schwimmbads, das aus der Umwälzpumpe lief. Ein falscher Schritt – und Clara lag im Becken. Blöd war nur, dass dieses Becken eine Tiefe von 4,50 Metern und einen Grundwasserspiegel von knapp 2,50 Metern hatte. Clara war im Becken gefangen und konnte noch nicht mal um Hilfe rufen, sonst hätte die Aktion zu viel Aufsehen erregt und sie wäre unserem Sohn gegenüber in einen ziemlichen Erklärungsnotstand geraten.

Ich weiß nicht warum, aber nach über 20 Ehejahren kennt man seinen Partner recht gut. Einer inneren Eingebung folgend, rief ich in der Schule an und wollte meine Frau sprechen. Als ich sie nicht erreichen konnte, wählte ich die Nummer der Schulsekretärin Tina und erfuhr, dass Clara ins Schwimmbad gefahren sei, um sich die neue Freundin von Ben anzusehen.

Oh mein Gott, wie peinlich musste das für unseren Sohn sein, sollte er seine Mutter beim Nachspionieren entdecken?! Das musste ich verhindern. Ich fuhr augenblicklich zur Erlebnistherme, um Clara von der Idee abzubringen, natürlich in der Hoffnung, dabei selber nicht gesehen zu

werden. Im Schwimmbad angekommen, sah ich ihr Auto auf dem Parkplatz. Nun war ich nicht so gut auf einen Schwimmbadbesuch vorbereitet wie meine Frau und hatte infolgedessen keine Schwimmsachen dabei.
»Ohne Badesachen kommen Sie hier nicht rein und außerdem schließen wir in einer Viertelstunde«, herrschte mich der muskulöse Bademeister an, der grade der Dame am Empfang irgendwelche Zettel überreicht hatte.
»Haben Sie vielleicht eine Frau, Mitte Dreißig, mit langen braunen Haaren gesehen? Vielleicht kennen Sie meine Frau ja auch, sie ist öfters mit ihrer Schulklasse hier.«
»Ich habe vorhin so eine verrückte Lehrerin im Außenbereich der Schwimmhalle gesehen. Sie klebte förmlich an der Scheibe, um die Abmaße der Fensterflächen festzustellen, wie sie behauptete. Aber wo die abgeblieben ist, weiß ich auch nicht.«
Also beschloss ich, das Außengelände abzugehen, um meine Frau zu suchen. Irgendwann hörte ich jemanden um Hilfe wimmern. Die Stimme kannte ich.
»Clara, was machst du in dem Klärbecken? Und versuche *nicht,* mir weiszumachen, dass du das Volumen dieses Beckens feststellen musst«, zischte ich ihr zu.
»Na, ich wollte doch nur ganz diskret meinen Jungen und seine neue Freundin beobachten«, antwortete sie.
»Hier im Klärbecken?«, fragte ich meine Frau.
»Erkläre ich dir später. Hol mich jetzt hier raus!«
Als ich mich auf die Suche nach einer Leiter machen wollte, kamen die beiden Bademeister, um Clara aus dem Klärbecken zu ziehen … und um eine Anzeige aufzunehmen.
»Sie warten im Foyer«, schnauzten mich die Herren Bademeister an. Brav wartete ich im Eingangsbereich des Schwimmbades auf meine Frau. Auf einmal kam Ben mit seiner neuen Freundin aus dem Umkleidebereich. Mist, die beiden hatte ich in der ganzen Aufregung um meine neugierige Frau vergessen. Ich versuchte mich noch eiligst hinter dem Getränkeautomaten am Fenster zu verstecken, musste dabei aber feststellen, dass der

Automat und ich in den Abmaßen nur annähernd identisch waren. Bei mir schaute noch so in Höhe des Bauches ein individueller Vorbau hervor. Ben entdeckte mich natürlich und schaute mich mit einer Mischung aus Verwunderung und Verärgerung an.
»Papa, was *machst* du hier? Spionierst du mir etwa nach? Das ist ja wohl voll peinlich! Wenn ich das Mama erzähle, das glaubt sie mir nie!« Ohne mir Anna-Sophie vorzustellen, zog Ben mit seiner Flamme davon. Sie nahmen den Bus nach Hause.

Danke Clara, seufzte ich in mich hinein und wartete geduldig auf meine Frau.

Hugo, Jörg und seine Prinzessin

Meinen Freund Jörg Richter hatte es böse erwischt. All die Jahre war er neben seiner Tätigkeit als Prüfingenieur einer Kfz-Prüfstelle hauptamtlich Papa für seine kleine Prinzessin gewesen. Julia spielte in der Familie der Richters die Hauptrolle. Jörgs Frau war eine erfolgreiche, bundesweit agierende Strafverteidigerin – und somit war Jörg sowohl Hausmann als auch Geschichtenvorleser, Nachhilfelehrer, Papa, Seelentröster und Lieblingskoch der Familie. Oft waren Jörg und seine Prinzessin Julia mehrere Tage alleine, und Papa Jörg machte alles, damit sich seine Julia wohlfühlte.
»Prinzessin Julia« war ein fröhliches junges Mädchen, das mit seinen blonden Haaren und der tollen Figur den Jungs auf dem Schulhof schon oft den Kopf verdreht hatte. Julia liebte Pferde, ging zweimal die Woche zu Köhlers auf den Reiterhof und umsorgte die Pferde. Als Belohnung für ihre Mitarbeit, durfte sie regelmäßig die Pferde ausreiten. Wenn sie nicht für die Schule lernte oder auf dem Reiterhof war, hing Julia mit ihren Freundinnen bei Johnny in der Eisbar oder im Jugendclub am stillgelegten Bahnhof ab.
Papa Jörg holte sich jeden Tag nach der Arbeit eine Kugel Eis bei Johnny, um einen kurzen Kontrollblick auf das Geschehen rund um seine Tochter

zu erhaschen. Auch im Jugendclub engagierte Jörg sich rührend. Er half beim Täfeln und Streichen der Wände, verlegte Laminat, war der Grillmeister bei den abendlichen Jugendpartys und vieles mehr, nur um seine Prinzessin im Blick zu behalten.

Bis zu dem Tag, an dem Julia mit *erst* 17 Jahren *schon* einen Freund hatte. So ganz plötzlich und ohne Vorwarnung wagte es ein anderer Kerl, in die Familienburg der Richters einzudringen und das Herz von Prinzessin Julia zu stehlen.

Für Jörg brach eine Welt zusammen. Nicht er war fortan der ständige Gesprächspartner seiner Tochter, sondern stundenlange Telefonate mit einem Jungen namens René blockierten die Telefonleitung. Mama Richter machte das einzig Richtige und lud den neuen Freund ihrer Tochter immer wieder nach Hause ein. Jörg missfiel das sehr. Um es den beiden nicht zu bequem in Julias Zimmer zu machen, kam Jörg auf die glorreiche Idee, das große Bett von Julia in eine schmale Liege umzubauen.

»Schau mal Julia, jetzt, wo du groß bist, habe ich dir eine moderne Studentenliege gekauft, mit einer neuen und vor allem Rücken schonenden Matratze. So hast du auch mehr Platz in deinem Zimmer, wenn dich deine Mädels mal besuchen«, begründete Jörg sein Tun.

Der Gedanke, dass jetzt ein anderer Mann seiner Prinzessin *Gute-Nacht-Geschichten* erzählen würde, beflügelte Jörg zu der Idee, die bisherige Buchenholztür an Julias Zimmer durch eine helle, freundliche Glastür zu ersetzen,

»Na, so hast du ein schönes lichtdurchflutetes Zimmer, und der Raum wirkt auch gleich viel größer«, rechtfertigte Jörg seine neuste Idee. Erst nach starken Protesten seiner Tochter und mit der Unterstützung von Mutter Richter wurde die Glastür mit einer Milchglasfolie versehen. Papa Jörg klebte widerwillig murrend die Folie an die Tür.

»Da habe ich eine gute Idee gehabt, um meinem Mädchen das Zimmer schöner und größer wirken zu lassen, und weder meine Tochter noch meine Frau wissen das zu würdigen!«, brummelte er mir vor.

Jörg, den wir seit jeher für seine Liberalität und soziale Einstellung anderen Menschen gegenüber schätzten, entwickelte sich zum Familienekel. Nichts konnte Julias Freund Papa Richter recht machen. René bot Jörg immer seine Hilfe an, wenn er ihn im Garten oder im Hof arbeiten sah.

Einmal, als Julias Freund unserem Jörg beim Bau des neuen Kaninchenstalls für Ritters geliebtes Haustier half, öffnete mein Freund heimlich die Tür vom Karnickelstall, um hinterher die Schuld für das Verschwinden des Kaninchens René in die Schuhe schieben zu können.

»Damit sie mal sieht, was das für ein Loser ist«, war seine Begründung.

René war ein netter, wohlerzogener Junge, der mit Leidenschaft bei der freiwilligen Feuerwehr im Einsatz war und seine Ausbildung zum Elektriker im Ort machte. Seine Eltern lebten, mit noch drei weiteren Kindern, in sehr bescheidenen, aber harmonischen Verhältnissen am Ortsrand. Normalerweise hätte Jörg dieser Familie eine hohe Achtung entgegengebracht. Aber, da sich deren Sohn mit seiner Prinzessin eingelassen hatte, habe diese Familie im Grunde nur seine Verachtung verdient, erzählte er mir immer wieder. Alle, außer Jörg fanden René sympathisch. Das musste sich ändern, beschloss er und säuselte seiner Tochter vor, dass er ihr einen Wunsch erfüllen wolle, den sie schon als kleines Mädchen gehabt hatte. Ohne es im Familienrat zu erörtern, kaufte Jörg einen Hund. Als kleines Mädchen hatte Julia sich nichts sehnlicher gewünscht als einen Hund. Die Bitte war damals bei Jörg immer auf taube Ohren gestoßen. »So ein Flohteppich kommt mir nicht ins Haus«, hatte er den Wunsch immer abgeschmettert. Doch bei dem Gedanken, dass sich seine Julia ab sofort mehr um den Hund als um René kümmern würde, begann seine Abneigung gegen einen Hund in der Familie langsam zu verblassen. Sein Entschluss war gefasst. Bei der Auswahl des Hundes achtete Jörg darauf, dass dieser nicht etwa süß aussah, sondern gut zu erziehen war. Er wählte eine Mischung aus Pit Bull und Kampfterrier. Die Begeisterung seiner Frau hielt sich sehr in Grenzen, aber damit konnte er leben. Seine Tochter fand zwar, dass der Hund so hässlich sei, dass er schon wieder irgendwie süß wirke aber freute sich darüber, endlich einen Hund zu haben.

»Mit dem Hund werde ich jetzt auch immer abends Gassi gehen« frohlockte Fräulein Richter, nicht ganz ohne Hintergedanken. Julia und ihr Freund nahmen den Hund und das abendliche Gassigehen zum Anlass, sich nun täglich zu treffen. *So* hatte sich Jörg das nicht vorgestellt. Ab sofort galt seine ganze Aufmerksamkeit und Zuwendung dem Hund namens Hugo. Einen Teil seines Jahresurlaubs verbrachte Jörg auf dem Hundetrainingsplatz – oder wie ich immer sagte: in der Kampfhundausbildungsarena. Elke, Jörgs Frau, fand es gut, dass er jetzt eine Aufgabe hatte, die ihn ausfüllte. Sie hoffte, dass er sich so langsam von seiner Tochter abnabeln konnte, ohne zu große Trennungsängste auszustehen. Aber weit gefehlt.

Julia bekam die Riesenchance, für ein halbes Jahr als Austauschschülerin nach Australien zu gehen. Das Thema René hatte scheinbar Pause in der Familie Richter. Frau Dr. Elke Richter nahm in der Zeit, während Julia in Australien war, ein Mandat an, was ihre ganze Aufmerksamkeit und freie Zeit über das normale Arbeitspensum in Anspruch nahm. Der Fall ging durch alle Medien, da ihrem Mandanten vorgeworfen wurde, einen Politiker entführt zu haben. Elke war von seiner Unschuld überzeugt und der festen Überzeugung, dass die Polizei ihren Mandanten nur als schnelles Ermittlungsergebnis präsentierte, ohne weitere Fakten zu prüfen.

Mein Freund Jörg hatte den Freiraum ohne Frau und Kind dazu genutzt, sein Eigengewicht um vier Kilo zu erhöhen und jeden Tag mit Hugo in die Kampfhundausbildungsarena zu fahren. Der Hund wurde in dieser Zeit von Jörg umhegt und umsorgt. Hugo durfte auf die Couch und im Wohnzimmer übernachten. Der für Hugo gebaute Außenzwinger diente der Zierde. Jörg hatte die Rachegelüste hinsichtlich Julias Freund noch lange nicht aufgegeben. Seine Hundetrainingseinheiten dienten dazu, Hugo auf den Geruch von René abzurichten und ihn so scharf zu machen, dass er auf ihn losgehen würde.

»Wenn das klappt«, erklärte mir Jörg seine perfiden Ideen, »dann kann ich meiner Familie ja immer sagen, dass Hunde den richtigen Riecher haben, wenn es um Menschenkenntnis geht.«

Einen Monat bevor Julia aus Australien zurückkam, kaufte sich René einen alten Mazda 2 von seinem Lehrlingsgehalt. Ich fand es bemerkenswert, dass er als junger Mann so vernünftig war, sich ein Auto auszusuchen, das er sich nicht nur vom Kaufpreis her, sondern auch in der Unterhaltung leisten konnte. Ich hoffte, dass Ben irgendwann mal genauso dachte.

»In diese Karre steigt meine Julia nicht ein. Die rostet ja schon an einigen Ecken, und die Bremsleitungen sehen auch nicht Vertrauen erweckend aus. Ich möchte wissen, welche Prüforganisation ihm da die Hauptuntersuchung gemacht hat. Bei mir hätte er keinen TÜV bekommen«, blies Jörg sich auf. Meinen Vorschlag, den Jungen zu sich in die Prüforganisation einzuladen, um mit ihm gemeinsam den Auspuff zu schweißen und eventuell eine neue Bremsleitung zu legen, fand Jörg geistlos.

Es kam, wie es kommen musste. Julia rief voller Begeisterung bei ihren Eltern an, um ihnen mitzuteilen, dass sie bereits am Freitag, also einen Tag früher als geplant, in Leipzig landen würde. Und da sie ja wisse, dass beide Eltern noch arbeiten müssten, hätte sie René gefragt, ob er so lieb sei, sie mit seinem eigenen neuen Auto abzuholen. Julia freute sich auf René und war total stolz auf ihren Freund.

Papa Richter verlor die Fassung. So nicht. Jeder andere Vater hätte vielleicht seinen Dienst getauscht oder kurzfristig versucht, Urlaub zu bekommen. Jörg löste das Problem, wie er es sah, auf seine Art. Wohlwissend, dass René nach der freiwilligen Feuerwehr am Donnerstagabend immer am Richter'schen Haus vorbeifuhr und weil der Dorfpolizist zu seinen Skatkumpeln gehörte, beschloss er, René wegen ruhestörenden Lärms (defekter Auspuff) anzuzeigen. Er bat seinen Kumpel also, das Fahrzeug – mit seiner Hilfe als Prüfingenieur – wegen Fahruntauglichkeit aus dem Verkehr zu ziehen. Das klappte auch!

Somit war sichergestellt, dass Jörg als weiser Retter seine Julia am darauffolgenden Freitag vom Flughafen abholen musste. Papa Jörg war der Retter und Held der Stunde. Gegenüber Julia erwähnte er nur, dass Renés Auto von der Polizei vorübergehend aus dem Verkehr gezogen worden sei und er, der Papa, sich nun kurzfristig für seine Prinzessin frei genommen hätte.

Als Mutter Richter und Julia von der Aktion mit dem Auto erfuhren, war das Familiendrama groß. Jörg fühlte sich von seiner Familie komplett zu Unrecht verurteilt und völlig missverstanden.

»Ich wollte doch nur helfen und Schlimmeres verhindern!«

Eine Weile später streute er wie beiläufig einen Satz in seinen Bericht über Hugos Fortschritte auf dem Hundeplatz ein:

»Im Übrigen können Hunde Menschen sehr gut einschätzen. Gerade, wenn sie längere Zeit keinen Kontakt mehr zu ihnen hatten.« Vorsorglich hatte er auf diese Weise schon mal seine Hypothese in der Familienrunde kundgetan, bevor René auf ein Wiedersehen mit seiner Julia zu Besuch kam. Innerlich frohlockte Jörg schon angesichts des bevorstehenden Triumphzugs. Monatelang hatte er Hugo darauf abgerichtet, René anzuknurren und anzubellen. Sobald er dem Hund zu nahe käme, sollte Hugo – auf ein kleines Schnippen seines Herrchens – den bösen Freund angreifen. Julia und Elke würden endlich einsehen müssen, dass er Recht gehabt hatte und der Junge nichts für das Mädel ist, war sich Jörg sicher.

Alles Reden und Argumentieren von seinen Freunden half nichts. Meine Bemühungen, Jörg von dem perfiden Plan abzubringen, wurden mit dem Ignorieren meiner Anrufe oder kurzfristigen Absagen unserer Verabredungen bestraft. Als Gegenargument bekam ich immer wieder Jörgs Standardsatz zu hören.

»Du hast ja Glück, dass du einen Jungen hast, du kannst dich gar nicht in die Leidenssituation eines besorgten Vaters einer Tochter hineinversetzen.«

Es klingelte und Hugo schlug erfreulicherweise an. Julia rannte zur Eingangstür, Jörg saß entspannt auf dem Sofa und freute sich auf das bevorstehende Szenario. Erst nach einer gefühlten Ewigkeit traten seine Prinzessin und der Störenfried ins Wohnzimmer. Und Hugo rannte los … sprang an René hoch, hechelte, quietschte vor Freude und verlor dabei ein paar Tropfen Urin auf dem guten Teppich der Richters.

»Du hast Recht«, sagte Elke zu ihrem Mann. »Hunde erkennen gleich, welche Menschen einen guten Charakter haben. Und unser René wird ja von deinem Hugo regelrecht geliebt. Ach, sei so nett und mach bitte gleich mal den Teppich sauber.«
So hatte sich Jörg seinen Plan nicht ausgemalt. Der Hund fiel in Ungnade und musste ab sofort im Außenzwinger nächtigen.
Die Liebe lässt sich nicht nun mal nicht aufhalten. Julia und René sind nach Bayern gezogen. Elke hat nach dem Erfolg mit dem Freispruch »ihres« mutmaßlichen Entführers und der damit verbundenen Publicity noch mehr bundesweite Mandantschaft bekommen und ist nur unterwegs, und mein Freund Jörg geht täglich mit Hugo Gassi-Runden. Und ich kriege das Gefühl nicht los, dass die beiden sich immer ähnlicher werden.

Die coolen Beckers

Dass wir Väter bei der ersten großen Liebe unserer Töchter eigentlich mehr gewinnen als verlieren können, wenn wir freundschaftlich mit den Partnern unserer Kinder umgehen, lernte ich von Dieter.
Dieter, kurz Didi genannt, ist ca. 175 cm groß und wirkt dank seines markanten Bauchansatzes und rundlichen Gesichts immer fröhlich. Didi gehört zu den Menschen, die man schnell in sein Herz schließt. Er ist der Vater Anna-Sophies (!), kann nach Aussage unseres Sohnes »super gut kochen« und ist anscheinend auch noch der perfekte Handwerker.
»Alles an und in seinem Haus hat er selber gemacht!!!«, schwärmte Ben mir vor.
Ben wurde mit den Worten:
»Isch bin der Didi, der Papa von Anna-Sophie, und isch freue misch, dasch du da bischt«, im Hause Becker begrüßt. »Wenn du meiner Tochter wehtust, haben wir ein Problem, wenn es meiner Prinzessin gut geht, werden wir beide richtige Kumpels.« Mit einem Augenzwinkern fügte

er noch hinzu: »Wenn du hier pennst, lässt du aber mein Kind in Ruhe schlafen. Gefrühstückt wird immer um neun, und um Punkt zwölf sehe ich euch alle am Mittagstisch!«

Damit hatte er alles gesagt und die Spielregeln für das Leben bei den Beckers waren festgelegt. Unser Ben war von der Familie seiner ersten Freundin total angetan. Brigitte, Anna-Sophies Mutter, hatte immer den neuesten Computer, das aktuellste Handy und immer viel Verständnis für die Jugend. Falk, der große Bruder von Anna-Sophie, legte mit seinen Rastalocken und seinem Reggae-Gang eine Coolness an den Tag, die unseren Ben, wenngleich er da ganz anders tickte, faszinierte. Auch Vorwerk, den Hund der Familie Becker, und Kater James Bond hatte Ben sofort in sein Herz geschlossen. Vorwerk wurde so genannt, weil er alles, was ihm vor die Schnauze kam, schnell auffraß. Danach schaute er übrigens immer so unschuldig drein, als hätte er den ganzen Tag noch gar nichts zum Fressen bekommen. James Bond hingegen ist suizidgefährdet. Täglich schleicht er sich heimlich raus, liegt dann auf der Straße vor dem Haus der Beckers und will alle Autofahrer dazu bewegen, um ihn herum zu fahren.

»Die sind total cool, und das Essen, was Dieter kocht, ist richtig lecker. Klar, deine Eierravioli aus der Dose gehen auch, aber gegen das Essen von Didi – kein Vergleich«, schwärmte Ben allwöchentlich.

Das konnte und wollte ich nicht auf mir sitzen lassen. Kochen konnte ich auch, das musste ich jetzt beweisen. Nein, ich wollte nicht in einen Wettstreit um das höchstmögliche Können des jeweiligen Vaters eintreten. Aber dass ich angeblich nur Eierravioli aus der Dose kochen konnte und mir dieser Ruf voraus eilte, dem Vorurteil musste ich entgegenwirken. Sowohl meinem Sohn als auch meiner Frau legte ich eines Abends eine aufwendig kreierte Einladung zum Essen auf ihre Betten. Am nächsten Tag holte ich Clara von der Schulkonferenz und Ben vom Fußball ab. Beide wussten nur, dass wir essen gehen wollten. Wo, hatte ich in der Einladung offen gelassen. Enttäuscht sahen beide mich an, als wir vor unserer Haustür parkten.

»Bestimmt hat Papa seine Eierravioli mit Orangensaft verfeinert und will uns seine neue Kreation vorstellen«, brummelte Ben vor sich hin.

Ich hatte mir den gesamten Nachmittag frei genommen, um das Essen vorzubereiten, den Tisch zu decken und eine gemütliche Atmosphäre zu zaubern. Alles sollte perfekt sein. Nachdem die beiden die Küche betraten und den gedeckten Tisch gesehen hatten, ließ die Enttäuschung über die Wahl der Lokalität ein wenig nach. Nach dem Verspeisen des Hauptganges stand mein Sohn auf und durchsuchte den Mülleimer.
»Was suchst du, mein Sohn?«, fragte ich verwundert.
»Ich suche die Behälter, in denen das Essen angeliefert wurde. Das hast du doch niemals selber gekocht!«
Sein Vertrauen in meine Kochkünste war total gestört. Clara zwinkerte mir zu und gab mir einen Kuss auf die Wange, bevor das Dessert auf den Tisch kam. Ben räusperte nur leise vor sich hin, dass es fast so geschmeckt hätte wie bei Beckers, wenn Dieter gekocht hatte. Das musste als Lob für mich reichen. Wir saßen noch lange am Küchentisch zusammen und erzählten Geschichten aus den Kindertagen unseres Sohnes, tranken einen Wein dazu und ich genoss es, ein wenig der Held des Tages zu sein. So gegen 20.30 Uhr klingelte es an der Tür. Didi hatte Feierabend und wollte sich Karten für ein Konzert abholen, die ich ihm besorgt hatte. Ben öffnete die Tür und kam mit Dieter und einem breiten Grinsen im Gesicht in die Küche.
»Das war mir ja klar«, rief er frei heraus. »Didi steckte hinter dem leckeren Essen. Ich hatte vorhin schon so einen Verdacht. Meinem Vater hätte ich so etwas auch nicht zugetraut. Das muss ich gleich Anna-Sophie schreiben.«
Ohne die Chance, mich verteidigen oder irgendwas erklären zu können, verschwand mein Sohn in seinem Zimmer. Danke Ben, für das grenzenlose Vertrauen in mein Können!
Wenige Wochen später startete ich einen erneuten Versuch, meinen Sohn von Vaters Kochkünsten zu überzeugen. Ich stand an einem Samstag, an dem Ben zu Hause war, den ganzen Vormittag in der Küche, um das Essen vorzubereiten. Morgens erwähnte ich so laut, dass mein Sohn es auch hören musste, dass ich jetzt auf den Wochenmarkt ginge, um frische, biologisch wertvolle Lebensmittel zu kaufen.

In der Küche klapperte ich später besonders laut mit den Töpfen und dem Geschirr. Jetzt musste auch Ben mitbekommen, dass sein Vater selber kochte und kein anderer hinter dieser Meisterleistung stand. So gegen 14.00 Uhr präsentierte ich frischen Fisch in Dillsauce mit Rosmarinkartoffeln und einem grünen Salat, mit Dill verfeinert! Clara war wieder überrascht von meiner neuen Liebe zum Kochen und dem veritablen Resultat. Liebevoll stellte sie fest, dass dieser Ehrgeiz ja dank Dieter in mir geweckt worden sei. Ich wusste nicht recht, ob ihre Worte mehr als Lob oder eher als Ironie zu werten waren. Ben hielt sich beim Essen sehr zurück, was mich unweigerlich zu der Frage veranlasste, ob es ihm nicht schmecken würde.
»Doch Papa, aber Beckers grillen heute Abend noch, und da bin ich eingeladen. Anna-Sophies Papa ist der beste Grillmeister, den ich kenne. Der hat einen Smoker und einen TÜROS-Grill und die Gabe, dass alles immer total lecker schmeckt. Wenn ich jetzt so viel esse, passt hinterher nichts mehr rein, und da wäre Dieter sehr enttäuscht.«
Das hatte ich natürlich einzusehen. Man kann ja ruhig seinen Vater entmutigen, Hauptsache Didi ist nicht enttäuscht. Als erfahrener Silver Ager habe ich aber inzwischen gelernt, diese Situationen mit Humor zu nehmen und kein Konkurrenzdenken Anna-Sophies Eltern gegenüber aufzubauen. Jeder hat eben seine Stärken.
Man stelle sich mal vor, mein Ben hätte einen Vater wie meinen Freund Jörg. Da bin ich schon froh, dass es Dieter und Brigitte in unserem und vor allem im Leben unseres Sohnes gibt.

Das Papataxi

Wenn ich schon nicht mit meinen Kochkünsten überzeugen konnte, so taugte ich wenigstens als Chauffeur für unseren Sohn.
Dummerweise hatte Ben bei der Wahl seiner Freundin keinen großen Wert darauf gelegt, wo diese wohnte und ob das für ihn gut erreichbar war. In den Ort, in dem die coolen Beckers mit seiner Anna-Sophie lebten, fuhr kaum ein Bus. Die Bahn fuhr stündlich, allerdings nur bis 20 Uhr. Mit dem Fahrrad war Ben gute 45 Minuten unterwegs. Das wäre im Grunde ja zumutbar und seiner Anna-Sophie gegenüber als Liebesbeweis zu werten, gemäß dem Motto: Kein Weg ist für dich zu weit. Der Nachteil, aus unserer Sicht als fürsorgliche Eltern, war nur, dass er jedes Mal einen Großteil der Strecke auf einer stark befahrenen Landstraße ohne Fahrradweg zurücklegen musste. Deshalb boten Clara und ich unserem Sohn regelmäßig an, ihn ab und zu auch mal abzuholen. Nun muss man bei pubeltierenden Menschen wissen, dass deren Bio-Rhythmus einer anderen Zeitrechnung folgt und sie eine völlig abweichende Leistungskurve haben, verglichen mit den restlichen Erwachsenen.
Der Tag beginnt bei unserem Pubeltier erst gegen Mittag, wobei der Begriff *Mittag* von 12.00 Uhr bis 15.00 Uhr individuell auslegbar ist. Dafür beginnen die Partys erst gegen 21.00 Uhr und enden nicht vor 2.00 Uhr in der Nacht. Mussten wir früher planen, wann und wie wir uns wo treffen wollten, so plant die Jugend knapp nach dem Wachwerden – also so gegen 15.00 Uhr – , wie ihr Tag verlaufen soll und wo man sich wie trifft. WhatsApp sei Dank.
Der Umgang mit der neuen Technik erleichterte zwar die Kommunikation der Pubels untereinander, aber gleichzeitig erschwerte es uns die Kommunikation mit ihnen. So kam es oft vor, dass ich so gegen 19.30 Uhr von der Arbeit nach Hause kam und freudig von Ben begrüßt wurde.
»Schön, dass du da bist. Kannst du uns mal schnell zu Mario fahren? Ich habe Anna-Sophie schon versprochen, dass wir sie vorher noch abholen.«

Mario wohnt knapp zwölf Kilometer von uns entfernt in einem Ort, den der öffentliche Nahverkehr nur bis 19.00 Uhr berücksichtigt. Bens große Erwartungshaltung in das für ihn scheinbar frei verfügbare Zeitkonto und Tankkontingent seines Vaters hatte zur Folge, dass wir zunächst Anna-Sophie abholten, die ca. fünfzehn Kilometer von uns entfernt wohnte, um dann erst – in ganz entgegengesetzter Richtung – zu Mario zu fahren. Somit konnte der Chauffeur des Papataxis seinen Feierabend erst gegen 21.30 Uhr antreten, um ihn ca. 2.00 Uhr in der Nacht wieder zu unterbrechen. Schließlich müsse man ja auch von dort irgendwie wieder wegkommen, war Bens simple Argumentation.

Beim Abholen war es für Ben – der nicht nur mit seiner Freundin fürsorglich umging – selbstverständlich, dass sein Papataxi neben Anna-Sophie auch Klassenkameraden wie Marie und Loreen nach Hause chauffierte. Ich fand es immer wieder bemerkenswert, dass seine Freunde nie auf der Strecke, sondern stets entgegengesetzt zu unserer Fahrtrichtung wohnten. Hatten wir endlich alle nach Hause gebracht und ich wollte mit Ben in eine ungezwungene Konversation treten, bekam ich nur zur Antwort:

»Oh Papa, lass mich in Ruhe! Es war ein anstrengender Abend, ich bin total müde.«

Dennoch startete ich den Versuch, Ben zu erklären, dass es nicht immer so spät werden müsse, da ich schließlich irgendwie berufstätig sei und am nächsten Tag wieder fit sein müsste. Bens Antwort kam prompt:

»Papa, du schaffst das schon. So viel Schlaf ist in deinem Alter eh nicht mehr wichtig.«

Im Sommer plante die befreundete Gruppe um Ben eine Party am See. Jeder musste etwas zur Party beisteuern. Brachten die einen Getränke und Salate mit, so organisierten die anderen das Fleisch und die Knabbersachen.

»Was musst du mitbringen?«, fragte ich meinen Sohn.

»Nichts, ich bin für den Transport zuständig. Ich habe mich bereit erklärt, dass *wir* die anderen abholen und nachts wieder sicher nach Hause fahren. Das war für mein Taschengeldbudget günstiger.«

Wenn es nicht ständig zu meinen Ungunsten ausfiele, könnte ich glatt stolz auf meinen Sohn sein, dem das Sparen scheinbar in die Wiege gelegt worden war. Von mir hatte er das jedenfalls nicht.

Sieht man mal von dem Zeit- und Kostenaufwand ab, so hatte das Papataxi durchaus auch Vorteile. Man lernte die Freunde seines Kindes kennen und konnte immer beobachten, in welchen Kreisen es sich aufhielt. Obendrein bekam ich noch viel mehr Dinge zu hören, von denen mir Ben bestimmt nie was erzählt hätte. Vor Kurzem traf ich einen Jungen, den wir schon oft im Sammel-Papataxi mitgenommen hatten, beim Fleischer wieder. Er kam auf mich zu, grüßte ganz freundlich und erzählte mir, dass er jetzt eine Lehre als Klempner mache und sich freue, mich zu sehen.

»Ich kann mich noch gut daran erinnern, wie wir Sie immer mit Ihren Oldies aufgezogen haben und wir dann sofort unsere Musik voll aufdrehten – und Sie sind immer so cool geblieben. Meine Eltern wären da voll ausgetickt und die sind noch nicht so alt. Was machen Sie eigentlich zurzeit? Arbeiten Sie noch oder sind Sie schon Rentner?«

Na klar doch, wieder mal ein Seitenhieb für mein Ego. Dabei hatte die Unterhaltung so gut begonnen … Nach einem tiefenentspannten Atemzug fragte ich die Plaudertasche so gelangweilt wie möglich, wie er denn auf diese Frage komme und für wie alt er mich hielte.

»Gaaaanz cool, Herr Hartmann. Es ist nur wegen der Haare. Mein Opa hat auch graue Haare, und der ist schon seit zwei Monaten in Rente.«

In diesem Moment flötete Gott sei Dank die rettende Stimme der Verkäuferin über die Theke:

»Darf es noch ein Pfund mehr sein?«

Der junge Mann schob sein Basecap in den Nacken und schlurfte lässig zum Ausgang.

»Grüßen Sie Ben von mir! Und vielleicht sieht man sich ja mal wieder«, rief er mir noch zu, bevor die Tür ins Schloss fiel.

Das glaubte ich nicht, denn Rentner fuhren gewöhnlich kein Papataxi mehr.

Vom Pubeltier zum Erwachsensein

Es ist schon eine blöde Zeit, wenn man das Gefühl hat, plötzlich alles alleine regeln zu müssen. Man fühlt sich unverstanden und nicht ernst genommen. Es ist die Zeit, in der auch unser Sohn Ben an der bedingungslosen Liebe seiner Eltern zu zweifeln begann.
Im letzten Jahr vorm Abi glaubt man zwar, dass die Welt einem offen steht. Nur, wohin man gehen soll, ist noch nicht wirklich klar. Tausende Eindrücke vernebeln die Sicht für das eigentliche Ziel, und es fehlt in erster Linie die Startbahn.
»Was willst du denn mal werden«, war eine der meist gehassten Fragen für unseren Sohn. Er hatte nämlich keine Ahnung. Wir schickten ihn zur Berufsberatung, besuchten mit ihm Messen, auf denen man sich über verschiedene Berufe informieren konnte, durchstöberten das Internet. Jede Woche änderte sich Bens Berufswunsch. Wir gaben Tipps und Anregungen, aber sich bewerben und vorstellen, das musste er schon alleine tun. Ab sofort war Eigeninitiative gefragt. Ben ließ es in allem an Konsequenz fehlen. Nur galt ab sofort der Elternbonus nicht mehr, der früher vieles von allein geregelt hatte. Bens Lieblingsspruch zu der Zeit war: »Hetzt mich nicht so.«
Als Vater und als ein Mann mit einem enormen Organisationstalent war ich mit der Planlosigkeit, die Ben an den Tag legte, völlig überfordert. Ich war immer wieder erstaunt, wie er es schaffte, Chancen, die sich ihm auftaten, nicht für seine zukünftigen Pläne zu nutzen. Stattdessen ruhte er in sich, mit einer Selbstverständlichkeit und Zufriedenheit, und entschleunigte seinen Alltag.
Ich kann verstehen, dass es eine schwierige Zeit für junge Menschen ist, wenn sie sich mit dem Gedanken anfreunden müssen, das heimische Nest zu verlassen, um evtl. in einer anderen Stadt zu studieren oder eine Ausbildung zu machen. Mir ist bewusst, dass die Vorstellung für immer das »Mutti-Hotel« verlassen zu müssen, Blockaden in den Gehirnwindungen der Jugend hervorruft. Gewiss machen sich da Verlustängste breit.

Ben gehörte zur Spezies: Was du heute kannst besorgen, dass verschiebe ruhig auf morgen. In gewohnter Weise erledigte er alles im Last-Minute-Verfahren. Nervten wir, war die Antwort:
»Was wollt ihr eigentlich von mir?«
Als Berufswunsch stand einiges zur Wahl: Banker, Immobilienmakler, Tourismusmanager, Kriminalbeamter oder Jurist. Mein Vorschlag, in den Ferien ein je einwöchiges Praktikum in den Wunschberufen zu absolvieren, entlockte meinem Spätpubeltier ein hohes Maß an Rechenkenntnissen:
»Da sind ja vier Wochen meiner Sommerferien verschwendet! Kannst du nicht einen Antrag an das Kultusministerium stellen, dass ich die Praktikum-Zeit an die Sommerferien anhängen kann? Die sind doch froh, wenn sich die Jugend für einen Beruf interessiert.« Und er meinte es so wie er es sagte.
»Ich werde eine Lehre bei der Bank machen. Du kennst doch den Vorstand deiner Bank sehr gut. Da könntest du doch mal deine Beziehungen spielen lassen?!«
»Könnte ich«, antwortete ich knapp. Die Gesichtszüge meines Sohnes entspannten sich und er war scheinbar mit der Antwort zufrieden. »Will ich aber nicht, es sei denn, du möchtest ein Leben lang als Junior von Herrn Hartmann abgestempelt sein, der seine Berufsausbildung und vielleicht seine spätere Karriere als Protegé des Vorstandes erhalten und aufgebaut hat«, enttäuschte ich ihn.
»Du selber sagst immer, dass Beziehungen nur dem schaden, der keine hat. Also nutze sie im Interesse deines Sohnes. Das wirst du ja mal für mich machen können.«
»Könnte ich«, wiederholte ich meine Aussage von eben. »Werde ich aber nicht. Ich werde meine Schachfreundschaft nicht als Schachzug für deine Berufswahl nutzen.« Ich hoffte, er hätte es verstanden, und um sicherzugehen, erklärte ich weiter: »Du musst dir selber etwas aufbauen, dich selber um deinen Berufsweg kümmern, nur dann kannst du das Geschaffene besser schätzen.«
Ich hörte mich wie mein Vater an und ahnte schon die Reaktion von Ben.

»Ich hätte deinen Einsatz für meine Berufskarriere auch zu schätzen gewusst«, fauchte Ben wütend und beleidigt und verschwand.
Ich stöhnte leise, aber hörbar vor mich hin, als Clara das Zimmer betrat.
»Was war los? Muss ich etwas wissen? Und *was* weiß Ben zu schätzen?«
Ich erzählte ihr von unserem einseitigen Gespräch und von Bens Wunsch, meine Beziehungen für ihn spielen zu lassen.
Bei all der Ungewissheit stimmte mich aber optimistisch, dass derzeit überall Auszubildende gesucht wurden, und so hoffte ich, dass auch mein blindes Huhn Ben bald das berühmte Korn finden würde. Wahrscheinlicher wäre aber wohl, dass das Korn ihm vor die Nase fällt. Vielleicht entscheidet er sich aber auch für ein Last-Minute-Angebot bei irgendeiner Verwaltung, in der dann sowieso keiner wirklich weiß, was er da überhaupt macht. Den Interessen und dem Bio-Rhythmus unseres Kindes würde das sehr entgegenkommen.

Der Totalausfall und das andere Leben der Handygeneration

Kurz vor Ferienende wollte Bens Abi-Kurs es noch einmal so richtig krachen lassen – eine mehrtägige Zeltparty am Tegernsee in Bayern stand an. Leider waren noch nicht alle volljährig und der Zeltplatzpächter bestand auf die Begleitung durch einen Erwachsenen. In der Gruppe wurde lange diskutiert, wer von den Eltern seinen Urlaub opfern würde und gewillt wäre, mit der Kursgruppe an den Tegernsee zu fahren, ohne dabei wirklich bei der Gruppe zu sein.
»Aber nicht meine Ellos! Nur über meine Leiche«, legte Ben selbstsicher fest.
»Gut«, sagte eine Klassenkameradin, »dann fragen wir deine Eltern und buchen für 15 Schüler und eine Leiche.«

Nachdem wir alle gemeinsam in unserem Garten die Spiel- und Verhaltensregeln für den Campingurlaub der Jugend abgestimmt hatten, buchten Clara und ich ein Pensionszimmer. Während die Schüler mit dem Bus zum Tegernsee reisen wollten, stand für uns fest, dass wir mit unserem Auto nach Bayern fuhren.
Der Tag der Abreise kam. Um Punkt 9.00 Uhr war Treffpunkt am Busplatz. Und genau hier begann das Unheil seinen Lauf zu nehmen. Denn Punkt 9.00 Uhr waren die Mobilnetze aller Anbieter abgeschaltet.
»Wir können nicht fahren, wenn wir kein Netz haben«, waren sich fast alle Schüler einig.
»Ach, kommt schon, im fortschrittlichen Freistaat Bayern wird schon wieder Netz sein«, meinten die anderen.
»Wie sollen wir nur die Busfahrt überstehen?« Sorgenvolle Gesichter starrten uns fragend an: »So ganz ohne Handy?«
Nachdem die Gruppe sich doch noch getraut hatte, in den Bus Richtung Tegernsee einzusteigen – der zwar mit WLAN ausgestattet war, das aber leider nicht funktionierte –, und dieser dann endlich mit erheblicher Verspätung abfahren konnte, liefen Clara und ich in Richtung Auto. Wir hatten noch einige Besorgungen zu machen, bevor wir dem Bus folgen konnten und standen etwas unter Zeitdruck. In der Stadt herrschte ein reges menschliches Treiben, um nicht zu sagen Durcheinander, was man so gar nicht mehr gewohnt war. Der Netzausfall zeigte auch hier seine Spuren. Bei der Sparkasse musste uns die freundliche Dame hinter dem Schalter plötzlich das Geld persönlich aushändigen. Die Mitarbeiter waren situationsbedingt genötigt, mit ihren Kunden zu reden. Auch der Sparkassenvorstand hatte seine Kundenkontakt-Abstandszone in der achten Etage verlassen und begrüßte die Kunden persönlich. Jeder im Haus, den sie auftreiben konnten, hatte sich ab sofort um das Wohl der Kundschaft zu kümmern. So viele Menschen habe ich schon lange nicht mehr in einer Bank gesehen.
An der Kasse des Supermarktes standen zwei Personen. Eine Kassiererin sagte den Preis an, den die Kunden im Vorfeld aufschreiben mussten, da das funkgesteuerte Kassensystem nicht funktionierte, und die an-

dere Kassiererin tippte die Preise in ihr Handy ein, um die Summe anschließend zu addieren. Es dauerte alles sehr lange, und man hätte in dieser Situation durchaus lärmende genervte Kunden erwartet. Aber kein Kunde drängelte oder regte sich auf. Stattdessen fand an der Kasse eine rege Kommunikation unter den Wartenden statt. Mir fing die Störung im Funksystem an zu gefallen.

Gemütlich und ohne Navigationssteuerung, nur den Schildern und unserer alten Karte folgend, fuhren wir an den Tegernsee. Dort angekommen, bezogen wir erst einmal unsere Pension und fuhren dann auf den Campingplatz, um den Jugendlichen bei deren Ankunft eine Freude zu bereiten. Wir hatten unseren Gartengrill mitgenommen und viele echte Thüringer Bratwürste und Brätel dabei. Rechtzeitig zur Ankunft der Jugend war auch das Essen fertig. Wir waren uns sicher, dass sich mit einem gesättigten Magen auch die Zelte schneller und leichter aufbauen ließen.

»Das ist ja total blöd hier! Die haben ja *auch* keinen Handyempfang«, hörten wir die ersten schimpfen. »Und der Internetempfang ist scheinbar im Tegernsee ertrunken«, kommentierten die nächsten. »Eh fuck! Wann fährt der nächste Bus nach Hause? Was sollen wir hier machen, ohne Handy und Internet?«, fragte Paul.

Gott sei Dank war der Hunger so groß, dass die Bratwürste und die Brätel auch ohne die modernen Kommunikationsmittel verspeist werden konnten. Als wir in der Essensrunde saßen, ernteten Clara und ich ein paar sehr mitleidige Blicke von Judit, einer Teilnehmerin der Gruppe.

»Es muss ja in Ihrer Jugend fürchterlich für Sie gewesen sein, so ohne Handy in den Urlaub zu fahren. Wie haben Sie das nur überlebt?«
»Wir sind früher viel in der Gruppe gewandert«, antwortete ich.
»So ganz ohne *Navi?* Wie soll man sich da zurechtfinden?«, fragte mich Max erstaunt. »Aber abends, da ist es doch voll öde hier«, stellte Lina fest, ohne bisher eine einzige eigene Erfahrung hier gemacht zu haben.
»Eh, wat issen dat für 'n herrlicher Duft in unseren Näsken«, riefen zwei Jungen vom Nachbarplatz und gesellten sich zu uns. »Wir haben extra

noch 'nen Platz im Magen frei gelassen, dachten, vielleicht können wir bei euch was kosten«, fuhren die Jungs fort.
»Kann das sein, dass Ihr echte Ruhrpott-Nerds seid?«, fragte Lina.
»Kann dat sein, dass du 'ne echte Ossizickenbraut bist?«, konterten die Jungs.
»Ich bin der Jupp, komme aus Wanne-Eickel und in meinen Adern fließt blau-weißes Blut.«
»Und ich bin der Kalle von Kindsbeinen an ein Fohlen und lebe in Mönchengladbach.«
»Also doch Nerds«, stellten die Mädchen fest.
»He, lasst mal die Jungs! Zumindest der eine scheint ganz o. k. zu sein«, stellte Ben fest. »Du, Jupp, bist ein Schalke- und du, Kalle, ein Borussenfan?«
»Jo, dat issn so, und wo kommt ihr her?«
Schnell begann eine lebhafte Kennenlernrunde. Nach einem Pfiff von Kalle kamen noch mehr Jungen und Mädels aus den Ruhrpott-Zelten zu uns. Es dauerte gar nicht lange, da saßen Lina Schmitt und Yildin Koslowski, Kalle Burschnewsky und Ben Hartmann, Max Henger und Jupp Nowacky in vereinter Runde.
»Wat haltet ihr davon, wenn wir euch beim Aufbau eurer Zelte helfen und wir dann gemeinsam mal Rottach-Egern erkunden. Es gibt 'nen abgefahrenen Schuppen hier, der nennt sich ‹Kussmund› und ist total cool.«
»Habt ihr auch keinen Internet- und Handyempfang?«, stellte Judith verunsichert die Frage an die Ruhrpottcamper.
»Nee, im *Abendkurier* stand vorhin, dat bis Donnerstag keine Netzverbindung möglich is'. Aber brauchen wir dat? Wir sind doch 'ne herrlich Grupp und könn' noch manch' Spässken haben?!«
Clara zog mich von der Gruppe weg, nahm mich in den Arm und flüsterte mir ins Ohr:
»Die brauchen uns jetzt nicht mehr.«
Wir erkundeten allein den Ort. Es war sehr schön hier. Die Strahlen der untergehenden Sonne verfingen sich in den Sträuchern und Bäumen

und meine Frau sammelte rege Ideen, die sie zu Hause sofort umsetzen wollte. Plötzlich blieb sie stehen und sagte:
»Lass uns doch auch mal wieder tanzen gehen!«
»Prima Idee, was hältst du vom »Kussmund«?«
»Frank, du willst doch nur deinen Jungen und die Gruppe kontrollieren. Lass uns in den »Bayernexpress« gehen.«
So ganz unrecht hatte Clara nicht, aber zugeben konnte ich dies natürlich auf keinen Fall.
Am nächsten Morgen holte ich freiwillig die Brötchen. Ein Bäcker war gefühlte zwei Minuten von unserer Pension entfernt. Ich nahm aber das Auto und fuhr zu einem anderen Bäcker, der sich in der Nähe des Campingplatzes befand, um ganz zufällig nach meinem Jungen und der Gruppe zu schauen. Dort angekommen, entdeckte ich im Mittelkreis der Zelte einen Stock, auf dem ein Zettel steckte:
»Wir wandern mit der Ruhrpottbande auf den Wallberg.«
Ich eilte zur Pension zurück, deckte den Frühstückstisch und rief nach Clara: »Was hältst du davon, wenn wir heute auf den Wallberg wandern?«, fragte ich voller Tatendrang.
»Was hältst du davon, wenn du mir erst mal erzählst, warum du zu einem Bäcker am Campingplatz gefahren bist, wo doch in unserer unmittelbaren Nähe ein Bäcker ist?«, kam es prompt zurück.
»Na ich dachte …«, eierte ich herum und fuhr dann besänftigend fort: »… dass ich gleich das Praktische mit dem Nützlichen verbinden könnte.«
»Gib es zu! Du wolltest doch nur nach Ben und der Gruppe schauen.«
Wie recht sie wieder mal hatte, aber das wollte ich ihr nicht sagen, also wechselte ich schnell das Thema. Darin war ich gut.
»Wollen wir nun auf den Wallberg wandern?«, fragte ich erneut meine Frau.
»Lass uns lieber auf den Hirschberg wandern, und wenn wir dann die Kinder sehen, können wir ihnen ja zuwinken«, antwortete Clara verschmitzt. »Wenn *du* schon freiwillig auf einen Berg wandern willst, dann hast du doch mit Sicherheit die Information, dass die Truppe da hoch gewandert ist. Frank, du musst endlich lernen, das Band, an dem

dein Sohn hängt, langsam loszulassen. Nur wenn du ihn jetzt loslässt, kann er auch wieder zurückkommen. Das weißt du doch auch. Lass die Gruppe ihren Tag selber bestimmen und wir machen unseren kleinen Urlaub. Heute Abend besuchen wir sie mal auf dem Campingplatz.«

Am Abend drangen schon von Weitem Gitarrenklänge und lautes Gelächter zu uns herüber, und beim Näherkommen mussten wir feststellen, dass noch eine weitere Gruppe aus den Niederlanden dazu gestoßen war – ganz ohne Navi und WhatsApp – und sie alle hatten bei Lagerfeuerromantik viel Spaß miteinander. Plötzlich spielten Internet- und Handyempfang keine Rolle mehr und ich hoffte, dass diese Eindrücke und die Erfahrung, dass man die schönste Zeit nicht online und am Handy verbringt, sondern mit wahren Menschen und Freunden, mit denen man gemeinsam den Moment genießt, im Gedächtnis der Kinder, pardon: Jugendlichen (!), blieben.

Ich musste dagegen mit der irrigen Meinung aufräumen, dass mein Kind mich noch immer zum täglichen Entertainment-Programm brauchte. Neben den Jobs als Papataxi, Boxbeutel für mein Pubeltier und Familienvater waren ja Gott sei Dank noch meine Fähigkeiten als Ehemann gefragt.

Rundlich schuldig

Mit zunehmender Reife bekommen viele Männer so einen Wohlstandsbauch. Auch ich gehöre dazu. Im Grunde haben wir Männer ja alle einen Adonis-Körper. Um uns aber nicht nur als Sexsymbol verstanden zu wissen, verstecken wir diesen Körper gerne mal hinter unseren »Muskelmassen«. Unsere Frauen mögen unsere Tarnung oft nicht und setzen alles daran, dass wir diese aufgeben.

Als Kind sollte ich immer wegen angeblicher Unterernährung an die See geschickt werden. Ein Urlaub bei Oma in Georgenthal, im schönen Thüringer Wald, rettete mich jedes Mal vor der Kur an der Nordsee. Das waren jedenfalls Zeiten, in denen von einem Wohlstandsbauch nichts zu sehen war. Mit Claras Schwangerschaft war ich innerlich scheinbar der Meinung gewesen, dass es ungerecht sei, wenn nur die Frau rundlicher wurde. So nach und nach wuchs auch mein Bauchumfang, und die Hüfte passte sich dem Bauchumfang an. Leider konnte ich nach den neun Monaten nicht mit Claras Bauchumfang mithalten, durfte meinen aber deutlich länger behalten. Meine Schwangerschafts-Solidarität hält quasi bis heute an. Clara trägt inzwischen wieder Konfektionsgröße 36/38, und ich darf in den Abteilungen der Modehäuser bei den XXL-Größen schauen.

Wie gesagt, es handelt sich bei mir um keine Stoffwechselerkrankung oder Diabetes, sondern um die bedingungslose Liebe zur guten Schokolade. Hatte ich früher nur Clara allein, die abends aufpasste, dass ich keine Schokolade aß, so wacht heute ein Duo (Ben und Clara) über mein Wohlergehen. Wobei das mit dem Wohlergehen eine sehr einseitige Betrachtungsweise seitens des Duos mit sich bringt: Regelmäßig werden in unserer Wohnung meine (inzwischen leider bekannten) Geheimverstecke abgesucht, und erbeutete Schokolade wird in die Obhut des Wächterduos gebracht.

Und auch, wenn ich beim Verstecken der Schokolade immer einfallsreicher wurde: Meine beiden Schokoladen-Detektive haben neben den bisherigen Verstecken im hinteren Teil des Bücherschranks und hinter dem guten Geschirr von Oma Friedel leider auch die neuen Verstecke immer wieder ausfindig machen können. Da war guter Rat teuer. Und so kreierte ich aus der Kulturtasche, die im unteren Schrank des Badezimmers verstaut war, einen Süßigkeitsvorratsbeutel und funktionierte die ausrangierte – aber zur Sicherheit einbehaltene – Kaffeemaschine zu einem Schokoladenbehälter um.

Not macht eben erfinderisch. Hinter dem Lüftungsschacht in der Küche hatte ich ein Brett so angebracht, dass ich eine Tafel Schokolade deponieren konnte. Bislang haben meine Detektive dieses Versteck noch nicht ausgemacht. Auch unser Familienkaninchen bzw. dessen Stall dient in großer Not als gutes Versteck. So bekommt Paul Bommel seine Streicheleinheiten und ich meine Schokolade.

Paul Bommel ist übrigens der beste Beweis dafür, dass die Pflege der Tiere, die man einst unbedingt für die Kinder anschaffen musste, in vielen Familien an den Eltern hängen bleibt. In unserem Fall gern an mir. Ohne zu murren, kümmere ich mit viel Hingabe um unser kleinstes Familienmitglied – und daher flog mein Versteck bislang nicht auf. Paul ist auf meiner Seite, kann schweigen und genießt die zusätzlichen Streicheleinheiten.

Zu meinem 48. Geburtstag bekam ich von Clara einen Kurs »Bewusst Abnehmen« mit Supervision geschenkt.

»Das ist der neuste Schrei aus den USA. Sie haben ein Programm ausgearbeitet, bei dem du schon allein durch Gespräche in der Gruppe und mit erprobten Sattmachern wie ‹Kalmud Med› deine Ernährung umstellen kannst. Durch die Gesprächsrunde mit dem Supervisor lernst du Stück für Stück deine Sucht nach Schokolade besser zu kontrollieren.«

Clara brachte das so überzeugend vor, dass ich sicher war, dass sie den Quatsch auch noch glaubte. Zwei Termine zum Kursbeginn konnte ich tapfer verstreichen lassen, ohne dass Clara merkte, dass ich zu dieser Teilnahme überhaupt keine Lust hatte. Im Frühjahr kontrollierte meine Frau alle meine Termine und meldete mich erneut zum Kurs an. Ein Entrinnen war diesmal nicht möglich. Tapfer ging ich zur ersten Gruppensitzung mit dem Supervisor Ernst-Ferdinand Bussmann. Schon allein der Name versprach unterhaltsame Abende. Im Eingangsbereich konnte ich sehr genau erkennen, welche Teilnehmer zum Kurs gehörten: lauter mehr oder weniger unglückliche Dicke. Na toll!, dachte ich gerade noch, während ich den letzten freien Platz im völlig überheizten Raum einnahm.

»Hallo mein Name ist Egbert und ich fühle mich zu dick und erhoffe mir Hilfe durch diese neue Form des Abnehmens.«

»Mein Name ist Monika und ich freue mich, hier in der Gruppe sein zu dürfen und finde euch alle total nett.« Dabei strahlte Monika wie ein Honigkuchenpferd und schmiss mit ihren breiten Pranken Küsschen in die Gruppe. Ich kann nicht genau sagen, was es war: die verteilten Küs-

schen oder das breite Grinsen, aber es führte dazu, dass mein Innerstes sich völlig auf Moni fixierte. Sie sollte mich noch kennenlernen. Das würde ein Spaß werden.
Eine geschlagene halbe Stunde lang stellte sich einer nach dem anderen in fast ähnlicher Weise vor und ich hatte schon auf Durchgang geschaltet, als ich plötzlich jemanden sagen hörte:
»Mein Name ist Heike und isch fühle mich in meiner Haut und mit meinem Körper wohl. Isch bin nur hier, weil meine Kinder mir diesen Kurs geschenkt und darauf bestanden haben, dass isch hierher gehe.«
Ich erwachte aus meinem Dämmerzustand und fixierte die Person, zu der die Stimme gehörte. Eindeutig gab es außer mir noch ein zur Kursteilnahme genötigtes Opfer und damit eine Leidensgefährtin, und die hieß Heike. Plötzlich hatte ich das Gefühl, die Welt sei wieder ein bisschen bunter und ich nicht mehr allein. Noch ganz mit meinem kleinen Hochgefühl beschäftigt, erhielt plötzlich ich die Aufforderung, doch bitte der Gruppe zu berichten, was ich für Probleme mit meinem Übergewicht hätte und welche Gefühle das tief in mir auslöste.
»Ich kann mich nur Heikes Ausführungen anschließen und ergänzend dazu sagen, dass mein Körper und ich miteinander im Reinen sind.«
Um Ernst-Ferdinand noch ein bisschen zu provozieren, fragte ich im gleichem Atemzug, ob er wisse, wie es beim »Schnitzel-Max« um die Ecke schmecken würde und ob noch jemand Lust hätte, im Anschluss dort mit hinzukommen.
Ernst-Ferdinand, der die letzten Jahre sicherlich am Hungerhaken gehangen haben musste, schaute über den Rand seiner Nickelbrille und schüttelte verständnislos seinen blassen Kopf. Sofort merkte ich, dass uns eine »tiefe Freundschaft« verband. Ohne auf meinen Kommentar einzugehen, sprach er meine Nachbarin in der Runde an. Umständlich stakste er zu ihr, stellte sich hinter ihren Stuhl, legte seine Hände auf ihre Schultern und fragte sie:
»Meine Liebe, fühlst du dich nach so vielen negativen Energieströmen noch in der Lage, deine Wünsche und Gedanken zur Teilnahme an diesem Kurs zu äußern?«

Worauf eine Stimme, die sich anhörte, als sei sie auf einer Zitronenpresse ausgequetscht worden, anfing zu reden:
»Mein Name ist Heidrun. Ich freue mich seit Wochen auf dieses Treffen und verspreche mir viele positive Inputs, die mich emotional dazu bewegen können, meine Pfunde zu verlieren. Im Moment fühle ich mich sehr betroffen, da ich merke, dass von meinem Nachbarn zur Linken eine sehr negative Aura herüber strömt und ich nicht weiß, woher ich jetzt die positive Energie für mein inneres Gleichgewicht bekommen soll.«
Oh Clara, stöhnte ich innerlich, ob du wirklich weißt, was du mir mit diesem Kurs angetan hast? Es folgten noch vier emotionsgeladene Abnehmkandidaten, bevor Ernst-Ferdinand sein Resümee aus der Vorstell- und Erwartungsrunde zog.
»Ich finde es ganz toll, dass ihr so offen über eure Probleme und die Problemzonen, die euch das Leben schwermachen, geredet habt, und dass ihr euch hier outet. Bis auf zwei schwierige Patienten glaube ich, dass wir alle durch die regelmäßigen Treffen und die Wertschätzung untereinander viele Pfunde verlieren werden. Wenn ihr dann auch noch zu jeder Mahlzeit mein selbst entwickeltes ‹Kalmud Med› nehmt, werdet ihr am Ende euch und euren Körper anders annehmen.«
Klar dachte ich, wenn wir alle das Mittel kaufen, wird unsere Geldbörse leichter und wir haben sofort einen Abnehm-Effekt erreicht.
Bei unserem zweiten Treffen in der Gruppe, wurden Heike und ich nach vorne gebeten. Der Stuhlkreis öffnete sich und Ernst-Ferdinand bat uns, auf den beiden Stühlen am Kopf des geöffneten Kreises Platz zu nehmen.
»Heike und Frank, mich haben eure Aussagen über die innere Zufriedenheit mit eurem Körper die ganze Woche begleitet. Getragen von dem Gedanken, dass ihr nicht selbstkritisch mit eurer Situation umgehen könnt, glaube ich, dass wir mit einer Supervisionsrunde in eurer Inneres gelangen können. Frank, ich fange bei dir an. Du müsstest mal aufräumen und zulassen, dass dein Inneres nach außen dringen kann«, hörte ich Ernsti sagen.

Oh, nein! Wie kam ich jetzt aus dieser Nummer wieder raus? Konnte ich es wirklich verantworten, Heidruns Aura wieder negativ zu belegen?
»Fang am besten mit deiner frühkindlichen Situation an. Du hattest sicherlich eine schwere Kindheit«, fuhr Ernst-Ferdinand fort und strich sich durch sein schütteres Haar.
Jetzt musste ich in die Offensive gehen.
»Nein, die war sehr harmonisch, aber was mir zu schaffen macht, ist mein Beruf.«
»Lass alles aus dir raus«, säuselte mir Ernsti ins Ohr, während er hinter mir stand und seine Hände auf meine Schultern legte.
»Also gut. Ich arbeite als verdeckter Ermittler für das Bundeskriminalamt und ermittle im Bereich Wirtschaftskriminalität und Betrugsfälle im besonders schweren Maße, und hier ganz speziell für den Bereich Gesundheitswesen und Therapiegruppen«, log ich die Gruppe und Ernst-Ferdinand an. »Das, was ich da täglich erlebe, macht mir so zu schaffen, dass ich am Abend meine Dosis an Schokolade brauche, um diese betrügerische Vorgehensweise der Scharlatane zu verarbeiten.«
Ernst-Ferdinand ließ meine Aussage so stehen, nahm seine Hände ruckartig von meinen Schultern und wandte sich Heike zu. Bei Heike versuchte er alles herauszuholen, was an Emotionen da war. Aber die lebensbejahende, kleine, rundliche, aber coole Heike sagte wieder nur:
»Isch bin o. k. Von Beruf bin isch Facility Managerin und arbeite gerne in meinem Beruf. Im Einkaufszentrum bin isch für die gesamten Sanitäranlagen zuständig. Meine Tochter sagt immer, weil sie sich für misch schämt, isch sei Leiterin der Keramikabteilung. Isch putze die Toiletten gerne, nasche und esse mit Leidenschaft. Und roochen tue isch och. Isch will so bleiben wie isch bin!« Damit beendete Heike ihre Aufräumaktion in der Runde. Am Ende der Stunde bat mich Ernst-Ferdinand Bussmann, noch kurz zu bleiben.
»Frank, mir ist heute in der Sitzung klar geworden, dass du nicht in diese Gruppe gehörst. Bei dir ist es ja wirklich nur der kleine Bauchansatz und ich denke, dass ich dir den Beitrag zurückerstatte, den deine Frau bereits

bezahlt hat. Solltest du schon etwas von dem ‹Kalmud Med› gekauft haben, so nehme ich das auch gerne wieder zurück.«
Es hat geklappt, jubelte es in mir. Ich nahm das Geld, verabschiedete mich und ließ ihn in dem Glauben, dass ich beim Bundeskriminalamt tätig wäre. Zu Hause legte ich Clara das Geld hin und erzählte ihr, dass Herr Bussmann nach der Stunde mit mir ein Gespräch hatte, in dem er mir – aus voller Überzeugung – mitteilte, dass ich vom Umfang her nicht in diese Supervisionsgruppe gehöre. »Schön, dass es noch so ehrliche Kursleiter gibt, die nicht nur des Geldes wegen so einen Kurs durchführen«, fügte ich noch spitzbübisch hinzu.
Meine Frau tätschelte meinen Bauch und meinte:
»Ich möchte nicht wissen, wie du aus dieser Nummer wieder rausgekommen bist. Bei dir ist echt Hopfen und Malz verloren.«
Einige Wochen später war wieder mal ein verregneter Samstag und wir beschlossen, erst mal ausgiebig zu frühstücken, um anschließend gemeinsam auf den Wochenmarkt zu gehen. Beim Studium der Tageszeitung fiel mir sofort ein Artikel auf, den ich genussvoll vorlesen musste:

‹*Neue amerikanische Abnehm-Methode durch Ernst-Ferdinand B. flog als großer Schwindel auf. Geschädigte möchten sich bitte beim Landeskriminalamt für Wirtschaftskriminalität melden.*›

»Mir hat erst gestern die Mutter einer meiner Schülerinnen erzählt, dass sie vor Kurzem auch an so einem Seminar teilgenommen hat, und da soll ein Teilnehmer vom Bundeskriminalamt dabei gewesen sein. Der ist dem Betrüger wohl auch auf den Leim gegangen. Sie meinte noch, dass dieser Kriminalbeamte dir sehr ähnlich gesehen hätte.«
Ich ließ diesen Satz unkommentiert stehen und las noch andere aktuelle Themen unserer Stadt vor.

Spieglein, Spieglein an der Wand

Neben der täglichen Arbeit ist es in unserem Leben ganz wichtig, einen Ausgleich am Wochenende zu finden. So schaffen wir Hartmanns oft Zeit für uns, unsere Hobbys und Freunde. Am liebsten alles zusammen in unserem kleinen Wochenendhaus. Dort wohnen wir dann im Sommer von Freitagabend bis Sonntag. Die Handys und das Internet tauschen wir gegen spannende Bücher, einen Rotwein und gute Gespräche. Das ist ein Familienziel, das wir fast immer einzuhalten pflegen.
Beim »Seniorenteil« der Hartmanns war wieder so ein Wohlwühlwochenende im Wochenendhaus angesagt. Nach einem traumhaften Abend am Kamin hätte man gut und gerne ausschlafen und die Seele baumeln lassen können. Zumindest der eine Teil der Hartmänner war dazu bereit: ich! Aber Clara wuselte beizeiten schon wieder im Haushalt herum und war der Meinung, am Sonntagmorgen um halb acht die Fenster putzen zu müssen. Halb verschlafen versuchte ich, meine Frau wieder ins Bett zu bekommen oder zumindest zur Ruhe im Haus zu bewegen.
»Schatz, ich hasse es, wenn die Leute mir beim Schlafen zusehen«, versuchte ich ihr klarzumachen.
»Wer soll dir schon beim Schlafen zuschauen? Um diese Zeit ist doch noch keiner unterwegs«, widersprach sie und wirbelte mit dem Putzlappen herum.
Dass um diese Zeit kaum jemand oder gar keiner unterwegs war, damit hatte meine Frau recht, aber die Möglichkeit bestand dennoch, und so ließ ich nicht locker.
»Beim Putzen von bodentiefen Fenstern, die auch noch sperrangelweit aufstehen, hat man sehr wohl die Möglichkeit, mich im Bett zu sehen.«
»Stimmt Frank, das vergaß ich völlig. Auch Nachbarn und Urlauber haben ein gewisses ästhetisches Grundempfinden. Das sollten wir ihnen wirklich nicht zumuten, also steig schnell aus dem Bett und mache dich fertig. Ich habe schon den Frühstückstisch auf der Terrasse gedeckt.«
»Aber, wer will denn am Sonntagmorgen schon um fünf nach halb acht frühstücken?«

»Herr Hartmann, du hast jetzt die Wahl. Möchtest du für alle als Schaufensterpuppe im Ort herhalten oder mit mir frühstücken? Du kannst dich entscheiden«, waren Claras unmissverständliche Argumente.
Während des Frühstücks erzählte mir Clara, sie hätte nicht mehr schlafen können und es sei doch wunderschön, bei aufgehender Sonne auf der Terrasse zu sitzen, mit dem Duft frisch gebrühten Kaffees in der Nase. Hierbei schienen wir nicht unbedingt auf einen gemeinsamen Nenner zu kommen. Ich empfand es schon schlimm, mitten in der Nacht zum Sonntag aufstehen zu müssen, um zu frühstücken. Aber noch viel anstrengender fand ich diesen andauernden Redeschwall von der anderen Seite des Tisches. Hätte man nicht einfach nur in Ruhe frühstücken, den Blick auf den See genießen und seinen Gedanken freien Lauf lassen können? Nein. Alles, aber auch alles musste auf einmal heraus. Es gibt Momente im Leben unserer Ehe, da liebe ich meine Frau ganz besonders. Dieser Sonntagmorgen gehörte nicht unbedingt dazu.
Zum Glück konnte man sich hinter Zeitungen verstecken, das tat ich dann auch. Und dann, zwischen Sport und Wirtschaftsteil, kam sie, die von uns Männern so gefürchtete Frage:
»Schaaaatz, findest du mich eigentlich noch attraktiv«?
Gequält knickte ich den rechten Teil der Zeitung herunter, lächelte ihr mit dem besten Lächeln, das ich ihr am Sonntagmorgen um acht Uhr schenken konnte zu und sagte den Standardsatz:
»Schatz, für mich bist du immer noch die Schönste.«
»Du Lügner«, fauchte sie mich an. »Ich habe genau beobachtet, wie du neulich deine junge Kundin angehimmelt hast. So hast du mich schon lange nicht mehr angeschaut und vorgestellt hast du mich ihr auch nicht.«
Erneut knickte ich die Zeitung um:
»Meinst du Frau Schröder von der Marketingabteilung des Fernsehsenders? Ja, das ist ein lecker Mäuscken«, versuchte ich das Ganze herunterzuspielen. »Jaaaa die, die hat aber auch schöne langen Beine, die kommen im Minirock so *richtig* zur Geltung. Ich fand, der stand ihr hervorragend«, fügte ich noch hinzu und grinste hinter der Zeitung.

»Mit ihren 20, 25 Jahren sehen die jungen Dinger alle so unschuldig und unverbraucht aus. Dagegen fühlt man sich so richtig alt«, stöhnte mir Clara vor.

Wer glaubt, Clara ließe es dabei bewenden, der täuscht sich. Noch völlig in ihrer Welt, bedauerte sie sich weiter: »Wenn ich mich im Kreis des Kollegiums so umschaue, bin ich mit Anfang 40 schon eine der alten Schachteln.«

»Sagen die Kinder schon Oma Hartmann zu dir?«, fragte ich sie.

»Du bist ein Schuft und nimmst mich gar nicht ernst«, wetterte sie. »Was läuft da eigentlich mit dir und Frau Schröder?«

Jetzt war der Moment gekommen, um die Zeitung in Gänze wegzulegen. Klar und deutlich versuchte ich mich auszudrücken, um endlich wieder Ruhe zu haben.

»Frau Schröder ist bildhübsch und 25 Jahre jung, ich könnte locker ihr Vater sein. Was soll ich mit so einem jungen Ding? Ich habe dich vor knapp 23 Jahren kennen und lieben gelernt und daran möchte ich auch nichts ändern. Du bist meine Traumfrau und gefällst mir genauso, wie du bist. Und ich liebe dich, mit allen kleinen Fältchen und deiner Jogginghose auf der Terrasse beim Mitternachtsfrühstück«, beendete ich meine Lobeshymne an meine Frau und lächelte sie breit an. Es schien ihr aber immer noch nicht auszureichen und sie bohrte weiter:

»Und was ist mit Volker und seiner Sekretärin oder Klaus mit seiner Vorzimmerdame?« Der eigenartige Unterton in diesem Satz gefiel mir gar nicht.

»Volker hat sich bei allen zum Narren gemacht, ist aber trotzdem noch mein Freund. Ich finde, Freundschaften müssen auch außergewöhnliche Lebensumstände und innere Krisen des Einzelnen aushalten. Für seine Gelassenheit, die er bei zwei kleinen Kindern in seinem Alter an den Tag legt, bewundere ich ihn. Ferner steht es uns nicht zu, über sein Leben zu urteilen. Bei Klaus weiß ich gar nicht, wovon du redest. Der ist doch mit seiner Vera glücklich«, versuchte ich das Thema abzuwiegeln.

»Du alter Schwindler, lass uns lieber das Thema beenden, oder möchtest du mal wieder das Haus reinigen?«, zwinkerte sie mir zu.

Um jetzt ja nichts Falsches zu sagen, fragte ich kurz, ob sie wieder ihre Allergie hätte, da sie so ein Zucken im Auge hätte und beschloss dann aber lieber, das Altpapier und die leeren Flaschen in die Container am Ende der Straße zu bringen. Als ich wieder von meiner Entsorgungstour zurückkam, rief mir Clara schon an der Grundstückstür zu, dass es blöd sei, dass wir keinen großen Spiegel in unserem Wochenendhaus hätten.
»Wozu brauchst du hier einen großen Spiegel«, fragte ich sie.
»Damit man sich mal ganz sehen kann«, bekam ich zur Antwort.
»Spiegel sind heute auch nicht mehr das, was sie früher einmal waren«, versuchte ich zu flachsen. »Wenn ich früher in den Spiegel geschaut habe, sah ich einen schlanken großen Mann. Jetzt habe ich das Gefühl, dass die heutigen Spiegel immer schmaler werden. Ich kann kaum mein Profil in der vollen Breite sehen. Die Dinger gehen im Laufe ihres Lebens ein. Oder nimmst du die falschen Putzmittel?«
Mitleidig schaute mich Clara an.
»Hat heute vielleicht irgendein Möbelhaus verkaufsoffenen Sonntag?«, fragte sie, während sie alle Sonntagszeitungen durchstöberte. Und es kam, wie es kommen musste. Wenn man schon an einem Sonntag um 7.30 Uhr geweckt und zum Frühstück verdonnert wird, weil die Frau nicht mehr schlafen kann, dann muss an so einem Tag noch eine Steigerung möglich sein. Claras Lieblingsmöbelhaus hatte tatsächlich genau an diesem Sonntag sein Mittsommerfest.
»Oh Frank, da müssen wir hin!«, frohlockte meine Frau.
»Schau mal Schatz, am Sonntagnachmittag ist es doch besonders schön auf unserer Terrasse«, versuchte ich, sie von ihrem Vorhaben abzuhalten. Wäre dem Vorhaben, am Sonntagnachmittag zum Mittsommerfest eines bekannten skandinavischen Möbelmarkts zu fahren, irgendetwas in die Quere gekommen, z. B. ein Krieg ausgebrochen, meine Frau hätte einen Panzer geklaut, um pünktlich dort zu sein.
»Was hältst du davon, alleine zum Mittsommerfest zu fahren, während ich den Kaffeetisch auf der Nachmittagsterrasse decke?«, versuchte ich, mich um diesen Möbelhaus-Ausflug zu drücken.

»Frank, muss ich mir Sorgen machen, dass du doch alt wirst und nicht mehr so spontan bist wie früher?«, versuchte mich Clara zu provozieren. Da war er wieder, der Moment, in dem ich so richtig neidisch auf die mitgeschleppten Kinder der Möbelhaus-Besucher wurde. Man gab sich dort die allergrößte Mühe, die Kleinen zu bespaßen, während die Großen sich in Ruhe durch die beängstigende Vielfalt des Angebots arbeiten konnten. Warum fällt denen nicht langsam mal was für mitgeschleifte Männer ein? Die Frauen könnten uns abgeben und ihre Entdeckertour durch die schwedische Erlebniswelt beginnen. Wir Männer könnten in Ruhe Fußball oder Formel 1 im TV verfolgen oder mit den neusten iPads hantieren. Und wenn wir dann genug hätten, könnte eine sonore Elchstimme einen Ausruf machen: »Der große Frank möchte aus der Männerbetreuungszone abgeholt werden. Ich wiederhole: Der große Frank …«

Am Möbelhaus angekommen, nahm meine Frau eine große gelbe Einkaufstüte der Möbelhauskette unter den Arm, und ich hatte das beunruhigende Gefühl, dass diese Tasche unbedingt gefüllt werden wollte. Neben dem viel zu schmalen Spiegel legten wir noch vier Tüten Servietten, drei Packungen Kerzen und einige Vasen, sowie ein paar neue Gläser in die gelbe Tüte. Das Ende schien in Sicht.

»Gehen wir jetzt zur Kasse?«, fragte ich voller Hoffnung.

»Heute feiern alle hier das Mittsommerfest, und wir haben doch die Familienkarte, da können wir im Familiencafé gleich noch Kaffee trinken und schwedischen Kuchen essen«, freute sich meine Frau.

Ich war mir sicher, dass diese sinnlosen Sonntagsöffnungstage nur für Spontankäufe wie Spiegel oder Vasen gemacht worden waren und um uns Männern den Sonntag zu verderben. Und, um das Verkaufspersonal um die Chance zu bringen, etwas mit ihren Familien zu unternehmen. Das Schöne an so einem Verkaufsfest am Sonntagnachmittag mit Kaffee und Kuchen ist, dass man viele Leute trifft, die alle eigentlich etwas anderes vorhatten, dann aber doch nur mal kurz schauen wollten, um dann, bepackt wie die Esel, an den Kassen zu stehen. Was mich verwunderte war, dass mich so viele dort zu kennen schienen! Bei der Kaffeeausgabe, an der Kuchentheke, bei der Warenausgabe des Spiegels – alle duzten mich. Ich war mir sicher, die nie zuvor gesehen und mit ihnen auf irgendeiner Sauftour auf das »Du« angestoßen zu haben. Aber vielleicht lag es auch an meinem Alter?

Als wir am späten Sonntagnachmittag endlich wieder in unserem Wochenendhaus waren, musste für den Spiegel gleich der richtige Platz gesucht werden. Ein Mitbestimmungsrecht, wo er hinkommen sollte, hatte ich sowieso nicht. Also setzte ich mich auf die Terrasse und genoss die Abendsonne.

»Schatz, schau mal«, hörte ich Clara rufen. »In dem Spiegel habe ich so einen dicken Hintern, kann da etwas mit dem Spiegel nicht stimmen?«

Taten mir früher die Stühle leid, auf denen Clara gesessen hatte, weil ich mir nicht vorstellen konnte, dass es angenehm ist, Knochen auf Holz zu spüren, so zeigte meine Frau inzwischen ein kleines bisschen Mitleid mit den Stühlen und hat die Knochen etwas mehr abgepolstert.

»Ich weiß nicht, was du meinst. Der spiegelt doch nur deine tolle Figur wieder. Ich liebe jedes Pfund an dir.« Dass ich meine Clara so liebe, wie sie ist, war nicht geschwindelt und hatte den Vorteil, dass wir den Rest des verbleibenden Tages in Ruhe genießen konnten. Mit zunehmendem Alter ist man oft entspannter und kann viele Situationen mit einer gewissen Portion Gelassenheit und Nachgiebigkeit über sich ergehen lassen.

Die Spreewaldgurken

Um den Männervorbau unterhalb der Brust nicht noch mehr zu betonen, tragen wir Herren unsere Hemden gerne über der Hose. Das gibt uns nicht nur ein Gefühl von Freiheit, sondern lässt auch den wohlproportionierten Körper ein wenig schlanker erscheinen. So zog auch ich für einen gemeinsamen Einkaufsbummel mit meiner Frau ein weites Hemd an und ließ es elegant und weich über meine Körperfülle fließen.

Im Supermarkt angekommen, teilten wir uns strategisch günstig auf. Mit dem guten Gefühl, attraktiv und schlank zu wirken, zog ich meine

Bahnen durch die Gänge der Verkaufsregale und beobachtete dabei, wie eine Verkäuferin eine Palette mit Spreewaldgurkengläsern in Pyramidenform im Mittelgang des Supermarktes aufbaute.

Eine unpraktische Macke bei uns Hartmanns ist es, mit dem Vorsatz, nur das Wichtigste im Supermarkt kaufen zu wollen, auf den Einkaufswagen zu verzichten, da wir am Ende doch wieder mit vollen Armen, gefüllt bis unters Kinn, zum Kassenband schlurfen. Diesmal hatten wir uns fest vorgenommen, aber auch wirklich nur das Allerwichtigste mitzunehmen. So wandelte jeder in einer anderen Regalreihe, um schnell wieder nach Hause und ins wohlverdiente Wochenende zu kommen. Ich hatte die Milch, den Orangensaft und die Nudeln bereits unterm Arm und befand mich siegessicher auf der Zielgeraden zur Kasse, als mir im Mittelgang ein sportlicher schlanker Mann die Vorfahrt nahm. Ein beherzter Schritt zur Seite verhinderte gerade noch einen Zusammenstoß, bremste aber leider nicht die Geschwindigkeit des athletischen Läufers, der mit dem plötzlichen Auftauchen der Gurkenglaspyramide völlig aus dem Gleichgewicht geriet.

Es gab einen fürchterlichen Knall, Glas zersplitterte und der junge Mann regte sich furchtbar darüber auf, dass der Inhalt der Gurkengläser auf seinem Trenchcoat gelandet war. Kurz darauf stand der Verursacher des Pyramideneinsturzes an der Kasse und *ich* unglücklich direkt neben dem Gurkenglas-Chaos. Mein Blick folgte den Rinnsalen mit Gürkchen. Diese schwammen durch die Gänge des Supermarkts wie die Kähne durch den Spreewald.

»Da haben Sie aber eine ganz schöne Sauerei angerichtet«, hörte ich eine Frau sagen, die mit ihrem Krankenkassen-Porsche vor mir stand.

»Das war ich nicht«, gab ich zurück. Ich hatte es noch nicht ausgesprochen, da versammelte sich eine Horde neugieriger Supermarktbesucher um die Unglücksstätte – und natürlich um mich.

»Das bekommen wir immer von der Kundschaft zu hören«, schnauzte mich eine Dame im weißen Kittel an. »Für den Schaden müssen Sie aber aufkommen, und für die Reinigung auch!«

Jeder Versuch, mich aus der Affäre zu ziehen, half nichts. Selbst der Hinweis, dass der Gurkenglaszerstörer noch an der Kasse stand, wollte nicht gehört werden. Puterrot, für den Kampf gewappnet, schimpfte die Verkäuferin weiter.
»Na klar, es sind ja immer die anderen!! Ich denke mal eher, Sie haben sich umgedreht und sind mit Ihrem Bauch da dran gekommen. Es ist sicherlich nicht einfach, in Ihrem Alter mit einem derartigen Airbag das Gleichgewicht zu halten.«
Noch vom Redeschwall der puterroten Verkaufsangestellten ganz benommen, hörte ich in dem Moment eine Lautsprecherstimme: ‹ERIKA, wir lieben Fressalien›
Dass man hier die Fressalien mehr liebte als seine Kunden, spürte ich gerade am eigenen Leib. Und wahrscheinlich verstand ich zum ersten Mal, was dieser Werbeslogan eigentlich bedeutete.
»Also, kommen Sie nun für den Schaden auf?«, setzte die Verkäuferin mich weiter unter Druck.
»Natürlich nicht«, antwortete ich entrüstet.
»Dann muss ich jetzt die Polizei holen«, stellte die Verkäuferin unmissverständlich fest.
»Wenn die für den Schaden aufkommen oder hier aufräumen, soll mir das recht sein«. entgegnete ich ihr.
»Werden Sie jetzt mal nicht frech, junger Mann«, zischte mich die Verkäuferin an.
»Entschuldigung, aber Sie müssen sich jetzt schon entscheiden. Bin ich alt, zu dick und habe ich Koordinationsprobleme? Oder bin ich ein junger Mann. Wie hätten Sie es denn gerne?« Genervt fragte ich mich, wo Clara bloß abgeblieben war. Das sah ihr mal wieder ähnlich. Ich steckte mitten im Schlamassel und sie versteckte sich bestimmt hinter irgendeinem Regal. Also hieß es Selbstverteidigung, und dies auf Hartmann'sche Art:
»Was ist eigentlich mit der im Bauaufsichtswesen nach Artikel 2, Abs. 3 im HKP § 437 geregelten Mindestbreite für Warenpräsentationen? Holen Sie doch mal einen Zollstock, damit wir das hier vor Ort gleich

nachmessen können.« Ich war jetzt so richtig in Fahrt! Und um dem Ganzen die Hartmann'sche Krone aufsetzen zu können, bat ich die nun noch röter gewordene Verkäuferin, auch das Gewerbeaufsichtsamt zu benachrichtigen, damit wir wegen der Beweissicherungspflicht, der sie als Supermarktverantwortliche schließlich nachkommen müsse, die Messung auch von Amtswegen durchführen können.
»Hauen Sie schon ab! Es ist immer das Gleiche mit der Kundschaft. Erst zerstören sie etwas und dann wollen sie es nicht gewesen sein!«
»Und was ist mit dem Grundsatz: in dubio pro reo?«, warf ich mich noch einmal ins Zeug.
»Ja, Sie mich auch! Dubios sind nur Ihre Ausrede und Ihr geschwollenes Gequatsche. Das habe ich gerne. Hauen Sie endlich ab!«
Am liebsten hätte ich der Marktangestellten noch mehrere Gemeinheiten an den Kopf geworfen, z.B., dass sie mit ihrem roten Gesicht und dem weißen Kittel jetzt eher zum rot-weißen Discountermarkt um die Ecke als zu ERIKA passen würde. Ich verkniff mir diese Äußerung und verließ den Supermarkt.
Klar, war Clara diese Aktion sichtlich peinlich. Sie stand immer noch einige Meter von mir entfernt und tat so, als würde sie mich nicht kennen. In ihren Augen konnte ich genau lesen, wie sie meine Aktion fand, und hätte es ein Loch gegeben, so wäre sie schon längst darin verschwunden. Schon fast am Auto angekommen, fragte sie mich ernst:
»Kann es nicht doch sein, dass du …?«
»Bitte, Clara. Überlege doch mal! Wie soll *ich* mit meinem Adonis-Körper gleich einen ganzen Spreewald in Bewegung setzen?«
Für meine Familie den Kopf hinzuhalten, bin ich ja gewohnt. Ich erinnere nur an die Schwimmbadaktion, von der mein Sohn heute noch glaubt, dass sein Vater ihm und seiner Freundin ins Bad gefolgt sei. Sucht Clara irgendetwas, kommt sogleich die Frage: »Frank, hast du vielleicht …?«. Schnippelt uns ein Auto auf der Straße vor den Kühler, ist es natürlich meine Schuld gewesen, weil: Ich hätte ja nicht so rasen müssen. Stehen wir vor verschlossenen Türen, war ich derjenige, der an diesem Tag Schlüsseldienst hatte. Mit Humor und etwas Abstand die letzten Jahre

betrachtend, habe ich eins gelernt: Ist die Gruppe noch so klein, einer muss der Hartmann sein.

Die peinliche Aktion hinter uns lassend, fuhren wir nach Hause. Ich wünschte mir nichts sehnlicher, als endlich dem Einkaufsrummel zu entkommen und mich liebevoll meinen kleinen Angewohnheiten widmen zu können. Ich stand gerade rauchend mit einer Tasse Kaffee auf dem Balkon und lauschte den Nachrichten aus dem Radio, als sich Clara neben mich stellte und fragte:

»Was bedeutet eigentlich HKP § 437 im Zusammenhang mit der Raumordnung in Supermärkten?«

»Hab keinen Plan, und den Paragrafen kenne ich auch nicht«, gab ich schmunzelnd zu.

»Aber es hörte sich doch sehr überzeugend an!«

Eine meiner weiteren geliebten Eigenheiten, nämlich dass ich ungerechtfertigte Beschuldigungen nicht auf mir sitzen lassen kann, ließ mich noch am selben Tag eine E-Mail an die Firma ERIKA verfassen. Zwei Wochen später erhielt ich Antwort vom Regionalleiter der ERIKA-Gruppe. Sie bedauerten die versehentliche Beschuldigung und versicherten, dass ich als Kunde selbstverständlich die volle Aufmerksamkeit und den Service genieße. Zum Zeichen des guten Willens sollte ich am kommenden Freitag gegen 15.00 Uhr einen Präsentkorb in der entsprechenden Filiale entgegennehmen. Da ging ich erwartungsfroh hin. Nach ein paar netten Worten der Supermarktleiterin, die ihr sichtlich schwer fielen, bekam ich den Präsentkorb, gefüllt mit heimischer Wurst, Senf, Ketchup, Wein und Bier aus der Region, überreicht. Meine Dankbarkeit kannte ja gar keine Grenzen, und so ließ ich mich zu einer kleinen Dankesrede hinreisen.

»Vielen Dank! Gerne nehme ich Ihre Entschuldigung an. Allerdings finde ich es schade, dass im Präsentkorb der Stein des Anstoßes fehlt. Ein Glas mit Spreewaldgurken wäre eine schöne Erinnerung gewesen.«

Leise, ganz leise zischte die Supermarktleiterin mir ins Ohr: »Hauen Sie bloß ab.«

Und ich glaube, das meinte sie auch genauso.

Die verwechselte Belohnung

Die neue entschleunigte Art zu leben und meine ständige Neugierde auf meine Mitmenschen, eröffnen mir heute die Möglichkeit, mein Umfeld anders wahrzunehmen. Meine über die Jahre erarbeiteten Prinzipien und Moralvorstellungen lassen Ungerechtigkeiten gegenüber Dritten nicht zu. Fällt mir irgendwo Unrecht auf, dann muss ich mich einmischen. Übrigens eine weitere meiner kleinen Eigenarten, die ich gerne pflege. Es gab aber schon oft Situationen, da wünschte ich mir im Nachgang, ich hätte nichts gesehen oder mich nicht eingemischt, aber manchmal sprang auch was für Clara dabei heraus.

Wieder einmal ärgerte ich mich, dass Clara beim Waschen eine meiner Hosen eingegangen sein musste. Das hatte nun nämlich leider zur Folge, dass ich mich neu einkleiden durfte.

Schon beim Betreten des Kaufhauses fiel mir eine Frau mit ihren Kindern auf. Irritiert beobachtete ich, dass die Kinder auf die Anweisung der Mutter hin auf allen Vieren ins Kaufhaus robben mussten. Fast wie beim Militär. Was für eine verrückte Welt, dachte ich. Früher achteten Mütter noch darauf, dass sich ihre Kleinen nicht schmutzig machten, schon gar nicht im Eingangsbereich von einem Bekleidungshaus. Ich war nicht der Einzige, dem das auffiel, aber wie so oft der Einzige, der das Schauspiel fasziniert beobachtete. Wäre Clara jetzt hier gewesen, hätte sie mich schon längst weggezogen und angepflaumt, dass ich mich auf das Wesentliche, nämlich unseren Einkauf konzentrieren sollte.

Noch ganz in Gedanken, fuhr ich mit der Rolltreppe zur Herrenabteilung in die erste Etage. Wie gewohnt kümmerte man sich hier gleich um mich, und in kürzester Zeit hatte man mir das perfekte Outfit zusammengestellt und ich startete zur Königsdisziplin: dem Anprobieren. Mit dem Arm voller Hosen und den dazu passenden Oberteilen ging ich zu den Umkleidekabinen. Diese sind in der Herrenabteilung in den meisten Warenhäusern auf maximal zwei bis drei Kabinen beschränkt. Anders ist das in der Frauenabteilung. Hier befinden sich in der Regel mindestens 15 bis 20 Kabinen.

»Nehmen Sie doch die Umkleidekabinen in der gegenüberliegenden Damenabteilung«, schlug mir deshalb meine Verkäuferin vor.

»Aber in der Abteilung probiert man Dessous und Miederwaren. Halten Sie das für angebracht?«, stieß ich verwundert aus. Doch bevor ich weiter überlegen konnte, schob mich die freundliche, aber bestimmte Verkäuferin in die Richtung der Damenkabinen für Miederwaren und redete beruhigend auf mich ein.

»Jede Kabine hat einen Vorhang, da ist es doch ganz egal, ob dahinter ein Push-Up oder ein Hemd anprobiert wird!« Und augenzwinkernd fügte sie hinzu: »Und sollten Sie dann doch noch den einen oder anderen netten Aus- oder Einblick bekommen, macht das Anprobieren doch gleich noch mehr Spaß. Oder, Herr Hartmann?«

Eine Verkäuferin, die es verstand, auf Männer einzugehen. Was für ein Segen für dieses Kaufhaus. Ich ging also zu den Umkleidekabinen. Jede Kabine war belegt! Also wartete ich auf eine Umkleidemöglichkeit und auf eine eventuelle schöne Aussicht. Plötzlich tauchten vor einer der zahlreichen Kabinen wieder die Kinder aus dem Eingangsbereich auf. Nach und nach wurden sie von ihrer Mutter in die Kabine gerufen. Eigentlich nichts Ungewöhnliches, wenn es nicht die Kabinen der Dessous-Abteilung gewesen wären. Aber schließlich gehörte ich ja auch nicht hierher, warum also sollte eine genervte Mutter nicht auch das Recht haben, eine freie Kabine zu suchen. Doch war das nicht das Einzige, was mich stutzig werden ließ, denn irgendwie sahen die Kinder leicht verändert aus, wenn sie wieder aus der Kabine kamen. Ich konnte mich des Eindrucks nicht erwehren, dass da was nicht stimmte.

Aber egal. Endlich wurde eine Kabine frei. Ich schritt schnurstracks auf die Kabine zu, in der zuvor die Mutter mit den vier Kindern die Kleidungsstücke anprobiert hatte. Merkwürdig war nur, dass die Mutter nichts von der Ware in der Hand gehalten hatte, als sie rausgekommen war. In der Kabine hingen nur noch ein paar Dessous neben ein paar leeren Kleiderbügeln. Sehr eigenartig, dachte ich. Was würde Clara jetzt wieder sagen. »Kümmere dich um deinen Kram, da hast du genug zu tun.« Das konnte ich aber nicht. Ich bin ein neugieriger Mensch, und

neugierige Menschen geben erst Ruhe, wenn sie einer Sache auf den Grund gegangen sind – und dies tat ich dann auch. Ich folgte der Mutter und ihren Kindern.
»Und, passt alles?«, fragte mich die Verkäuferin.
»Weiß ich noch nicht. Aber kommen Sie bitte mal schnell mit, ich glaube, dass hier gleich ein fast perfekter Diebstahl passieren wird.«
Völlig verwirrt schaute mich die Verkäuferin an und nur auf Grund meines entschlossenen Auftretens folgte sie mir. Wir konnten beobachten, wie die Mutter ihre Kinder wieder am Eingangsbereich entlang robben ließ. Diesmal nicht rein, sondern raus.
»Was ist daran so merkwürdig, dass ich meine Abteilung verlassen musste?«
Schnell erzählte ich ihr meine Beobachtung aus der Umkleidekabine und verwies auf den Körperumfang der Kinder. Geschickt hatte die Mutter die Kinder darauf trainiert, mit der gestohlenen Ware unter den Eingangsdetektoren entlang zu robben. Eben ein (fast) perfekter Plan. Allerdings nicht, wenn man es mit Frank Hartmann zu tun bekommt. Der Diebstahl flog auf und die Warenhauskette bedankte sich bei mir. Ich probierte meine Hosen in der Dessous-Abteilung der Damen an und stellte fest, dass die Frau in der benachbarten Kabine einen aufregenden Abend geplant haben musste.
Auf meiner Kundenkarte dieses Warenhauses steht seit dem Tag ihrer Ausstellung der Name »Franka Hartmann«. Es machte mir nichts aus, und so beließ ich es bei dem kleinen Schreibfehler, sorgte er im Allgemeinen doch eher für Belustigung. Meinen Rabatt erhielt ich auch unter falschen Namen.
Immer, wenn wir Post von da bekamen, lächelten wir über meinem Namen. So auch diesmal, als das Dankesschreiben bei uns einging.

»Sehr geehrte Frau Franka Hartmann,

im Namen der Geschäftsleitung bedanken wir uns für Ihre aufmerksame Art und das Bekanntwerden einer neuen Diebstahlserie.

*Für Ihre Mühe und Ihren Hinweis möchten wir uns erkenntlich zeigen. Der Diebstahl wurde in der Damenabteilung entdeckt und deshalb freuen wir uns, Ihnen – in Zusammenarbeit mit der Fa. Huston – über den Zeitraum von einem Jahr eine wöchentliche Lieferung von zwei Paar Damenstrumpfhosen zukommen zu lassen.
Bitte teilen Sie uns noch Ihre Schuh- und Ihre Konfektionsgröße mit.*

Mit freundlichen Grüßen

*Veronica Gebhardt
Filialleiterin«*

Freundlich antwortete ich der Filialleiterin des Kaufhauses:

»Sehr geehrte Frau Gebhardt,

*vielen Dank für Ihr Angebot, mir eine Belohnung in Form von Damenstrumpfhosen zukommen zu lassen.
Als Schuhgröße trage ich die Größe 44/45 und als Konfektionsgröße habe ich die 60/62.
Wenn Sie in dem Zusammenhang noch aus der bei Ihnen registrierten Franka Hartmann meinen tatsächlichen Namen Frank in der Kundenkartei machen würden, wäre ich Ihnen sehr dankbar.
Vielleicht könnten Sie mir angesichts der neuen Namenssituation anstelle der Damenstrumpfhosen die gleiche Anzahl an Socken in Dunkelbau zukommen lassen. Aber einen Einkaufsgutschein würde ich auch gerne annehmen.*

Mit freundlichen Grüßen

Frank Hartmann«

Kurz darauf erhielt ich erneut ein Schreiben der netten Dame vom Kaufhaus.

»Sehr geehrte Frau Franka Frank,

Ihr Schreiben hat uns ein wenig verwirrt. Bitte positionieren Sie sich uns gegenüber eindeutiger.
Sind Sie nun Frau Franka Hartmann oder Frau Franka Frank?
Wir brauchen eine genaue Adresseingabe, damit wir die Belohnung auch verbuchen können. Zeitgleich geht aber in der angegebenen Größe das erste Paar Strumpfhosen an Sie heraus.
Bitte haben Sie Verständnis, dass die ausgelobte Belohnung in dieser Form nicht durch Herrensocken ersetzt werden kann.

Erlauben Sie mir noch den Satz unter uns Frauen:
Gönnen Sie sich doch selber mal etwas, anstatt nur an Ihren Mann zu denken!
Sie haben sich das verdient.

Hochachtungsvoll
Veronica Gebhardt«

Schön, dass ich jetzt mit Frau Gebhardt so eine Frauensolidarität aufgebaut hatte. Aber, wie so oft im Leben ist das persönliche Gespräch immer noch das Beste. Nach meinem Erscheinen und dem persönlichen Gespräch mit Veronica Gebhardt, stand es zwar mit unserer Frauensolidarität nicht mehr zum Besten, aber ich konnte die Strumpfhosengröße noch in eine für meine Frau nutzbare Größe ändern lassen.

Angenehme Verwechslung

Manchmal bringen Verwechslungen auch nette Momente mit sich.
Ich stand an einem kühlen, dunklen Januarabend vor einem Bürohaus und wollte eine ehemalige Kollegin abholen. Brav gesellte ich mich zu den parkenden Autos und den dort wartenden Männern, die scheinbar alle auf ihre Frauen warteten.
Ich hatte Julia Wehner schon eine ganze Weile nicht mehr gesehen. Ob sie sich sehr verändert hatte? Es dauerte gar nicht lange, da winkte mir eine hübsche Dame zu, öffnete die Beifahrerseite und lange, elegant wirkende Beine stiegen samt der dazugehörigen Frau in mein Auto ein. Ich bekam einen zärtlichen Kuss auf die rechte Wange, und meine Beifahrerin begann sofort, mir die Geschehnisse des Tages von ihrer Arbeit und den Ärger mit ihrer Kollegin zu berichten. Sollte sich Julia so verändert haben?, fragte ich mich. Bisher kannte ich sie immer nur mit Jutehosen und Birkenstockschuhen. Noch nie hatte ich sie in einem Rock und mit Pumps gesehen und ihre langen Beine sind mir in ihrem früheren Outfit nie aufgefallen. Plötzlich riss ein mir völlig unbekannter Herr energisch die Beifahrertür auf und schrie Julia an:
»Erklärst du mir mal, wieso du zu fremden Männern ins Auto steigst und sie dann auch noch küsst?«
Ich machte die Innenbeleuchtung vom Auto an und die Dame neben mir wurde knallrot.
»Das ist mir voll peinlich! Wieso stehen Sie hier? Sonst parkt mein Kalle immer an dieser Stelle.«
Ihr Mann stand kopfschüttelnd vor meinem Wagen.
»Ich werde das nächste Mal woanders parken, aber danke für den Kuss. Der hat mir gefallen. Und ärgern sie sich nicht über Ihre Kollegin, ich glaube, die ist nur frustriert.«
»Hören sie auf, das Ganze ist mir nur peinlich.« Fluchtartig verließ die Dame mit den langen Beinen mein Auto und stöckelte zu Kalle ins Auto, der immer noch wütete. Mit quietschenden Reifen fuhren die mir unbekannte Dame und Kalle vom Parkplatz. Noch während ich darüber

nachsann, wie mir doch die Begrüßung mit so einem zarten Kuss und die Aussicht auf die langen, eleganten Beine das Abholen von meiner Kollegin versüßt hatte, stieg auch schon meine Birkenstock tragende Jule ins Auto und buffte mir mit der Faust an den rechten Oberarm zur Begrüßung.
So kannte ich Julia Wehner.
»Das geht aber auch anders. Deine Kollegin hat mir das gerade vorgemacht«, sagte ich und streckte ihr meine rechte Wange entgegen. Noch bevor ich ihr meine soeben erlebte Situation schildern konnte, versetzte mir Jule mit ihrer Faust einen leichten Kinnhacken. Wäre ich mal lieber gleich mit der Kollegin losgefahren.

Der Kleingärtner

Nun ist sie also gekommen, die Zeit, in der man merkt, dass man von den Kindern nicht mehr gebraucht, dass man im Job für zu alt angesehen wird und dass einen das Unterhaltungsprogramm der Medien auch nicht mehr ausfüllt. Genauso fühlten sich mein früherer Klassenkamerad Hans Baumann und seine Frau Lotta. Beide Kinder waren schon aus dem Haus. Jan arbeitete als IT-Spezialist in Hamburg und Frauke studierte in Göttingen Medizin. Mit dem Weggang ihrer Kinder und dem damit verbundenen Wegfall der täglichen Fürsorge schienen die Beiden in ein tiefes Loch der Aufgabenlosigkeit zu fallen. Nur gut, dass sie vor einigen Jahren den Garten von Oma Käthe geerbt hatten. Über die Jahre wurde aus der sehr schönen, naturbelassenen Gartenoase der Oma ein Paradies der Spießigkeit, immer unter Einhaltung der Kleingartenverordnung, sowie der eigenen Kleingartensatzung des Gartenvereins »Grüner Daumen«.
Hans, ein geborener Beamter, achtete peinlich genau darauf, dass alle Vorgaben und Verordnungen eingehalten wurden. So versteht es sich auch von selbst, dass Hans dem Vorstand des Kleingartenvereins an-

gehörte. War Oma Käthes Garten früher ein Mekka für uns Kinder gewesen, die gerne auf den Apfelbäumen herumkletterten, Verstecken hinter den Hochbeeten spielten und aus den Gänseblümchen und Butterblumen Haarkränze flochten, so entwickelte sich dieser Garten – unter der »preußischen« Führung von Hans und Lotta – zu einem Schauobjekt spießiger Laubenpieper-Kunst.

Knutschten wir früher im Geräteschuppen oder feierten Partys im Gartenhaus der Oma, so machte Hans aus dem Schuppen einen gemauerten Abstellraum mit Wasserzisterne und einem geordneten, computerunterstützten Ordnungssystem für Schlauch, Hacke und Dünger. Aus Käthes schönem alten Holzhaus wurde ein mit Sonnenkollektoren bedachtes Nutzflächenhaus, natürlich alles auf den zulässigen 24 Quadratmetern der Deutschen Kleingartenverordnung. Lotta sorgte dafür, dass dem Haus auch ja nichts an Kitsch im Dekorationsbereich fehlte. Den Außenbereich dekorierte Hans mit unzähligen Gartenzwergen. Einer hässlicher als der andere. Das Schöne an seiner Sammelleidenschaft war immer, dass wir es bei der Wahl der Geburtstagsgeschenke recht einfach hatten. Jeder neue Gartenzwerg wurde dann ummauert oder in die Gartenlandschaft »eingepflegt«. Ein jeder bekam einen Namen und wurde im eigens dafür angelegten Gartencomputer registriert. Eine Führung durch Hans' und Lottas Gartenparzelle konnte bis zu einer Stunde dauern. Jeder Busch, jeder Strauch und jeder Zwerg wurde einzeln benannt und bewertet. Auch die Auswahl der Namen für die Gartenzwerge wie Egbert, Giesbert, Kunigunde, Liebknecht, Bodo oder Hillary war schon sehr speziell. Ich hatte mir vorher nie vorstellen können, dass die Begehung von 500 Quadratmetern soviel Zeit in Anspruch nehmen konnte.

Der Zahn der Zeit nagte aber auch an den Strukturen des Gartenvereins »Grüner Daumen« und verjüngte ihn ein wenig. Alte, liebgewonnene und wegen ihrer Korrektheit in der Gestaltung und Pflege ihres Gartens geliebte Nachbarn verstarben oder verkauften ihre Grundstücke. Hans war ein großer Verfechter des Mitbestimmungsrechtes bei der Vergabe der Parzellen im Verein. Er beantragte, die Aufnahmekriterien per Satzung dahingehend zu ändern, dass keine Familien mit Kindern und Haustieren und keine in gleichgeschlechtlichen Partnerschaften lebenden Mitmenschen einen Garten in dieser Anlage bekommen sollten. Vielmehr seien Gärten dieser gepflegten Anlage der Generation Silver Ager zu vermitteln.

Es kam natürlich, man ahnt es schon, wie es kommen musste. Lotta hatte bei einem Quiz in einer der vielen Frauenzeitungen, die sie im Laufe jeder Woche kaufte, eine 14-tägige Kreuzfahrt durch das Mittelmeer gewonnen. Ihr Sohn schenkte den Eltern noch einen zweiwöchigen Aufenthalt in der Dienstwohnung seiner Firma auf Mallorca. Somit waren Hans und Lotta ganze vier Wochen nicht in ihrer Gartenanlage. Karl-Heinz, der Gartennachbar zur Linken von Hans und Lotta, verkaufte währenddessen seinen geliebten Garten, weil er zu seinen Kindern ziehen wollte, die in Wiesbaden wohnten. Er verkaufte alles an ein junges Paar mit drei Kindern und freute sich, dass Leben in seinen Garten kam. Rechts von den Baumanns verstarb ganz plötzlich ihr Gartennachbar, und die Tochter verkaufte das Gartengrundstück in Windeseile an ihren Arbeitskollegen Peer.

Peer lebte seit 15 Jahren mit Hajo zusammen, und vor einem Jahr haben sie geheiratet.

Während die Familie mit den drei Kindern ihr neues Gartengrundstück als Kinder- und Öko-Paradies umgestalten wollte, ging es Peer und Hajo mehr darum, Partys mit ihren Freunden im Garten zu feiern. Die besten Voraussetzungen also für eine gelungene und friedfertige Nachbarschaft mit Hans und Lotta.

Für Baumanns stand bei ihrer Rückkehr fest: Der gesamte Erholungswert ihres Gartens war mit der neuen Situation im Gartenverein »Grüner Daumen« verflogen. Hans setzte alles daran, die Verträge, die seine Vorstandskollegen bereits abgesegnet hatten, zu annullieren.

»Eine Brigade von Zeckenzüchtern zieht auf das Gartengrundstück meines ehemaligen Nachbarn Karl-Heinz, um den Garten familienfreundlicher zu gestalten«, berichtete uns Hans, als wir ihn mal wieder in seinem Garten besuchten. Ich ging zum Nachbargrundstück, um mir ein Bild über die Aktivitäten der Zeckenzüchternachbarn zu machen.

»Hallo ich bin der Hannes, der neue Besitzer des Gartens«, stellte sich dieser vor. »Ich habe ökologischen Landschaftsbau studiert und versuche hier, so ein Kleinod an familienfreundlicher Ökolandschaft zu schaffen.« Er bot mir eine Flasche Bio-Limo an und lud mich auf sein Grundstück ein. Das müsste Oma Käthe sehen, mit wie viel Liebe zur Natur der Garten gestaltet wird, dachte ich.

»In welchem Verwandtschaftsverhältnis stehst du zu dem Zausel da drüben?«, fragte Hannes. Er fügte hinzu, dass sein Nachbar noch nicht einmal bei ihm gewesen war, er aber jetzt schon einen Brief von seinem Anwalt bekommen hätte: eine Auflistung von Fehltritten seiner Familie.

»Wir waren Klassenkameraden und pflegen eigentlich einen eher lockeren Umgang«, antwortete ich.

»Wart ihr da in einer Klosterschule oder war euer Klassenzimmer im dunklen Keller?«, fragte mich der von Hans leicht genervte Hannes.

Ich musste zugeben, dass mich die Situation ein wenig amüsierte. Hans, unser Klassenstreber und Prinzipienreiter, der in den letzten Jahren verlernt hatte, das Leben mit seinen neuen Herausforderungen zu genießen, war gefangen in seiner Gartenwelt und umgeben von lustigen, fröhlichen Menschen, die einen grünen Daumen und Freude an der Natur hatten. Ein schweres Schicksal! Als ich wieder in Hans' und Lottas Gartenzwerge-Welt zurückkehrte, bekam ich gleich die volle Breitseite von Hans.

»Wenn du noch einmal zu den Ökozeckenzüchtern gehst, brauchst du hier nicht wieder herzukommen. Wir haben hier Werte geschaffen und klare Linien aufgebaut, und die lassen wir uns nicht von den Ökotomaten da drüben kaputt machen. Hast du gesehen, wie hoch das Gras bei denen schon gewachsen ist? Die Pollen für Löwenzahn und anderes Unkraut bestäuben meinen Rasen. Das lasse ich mir nicht bieten«, sagte Hans entschlossen. »Am Montag setze ich Pfähle an der Grenzmauer unserer beiden Grundstücke, und ich werde ein feinmaschiges Netz spannen und in Sichthöhe eine Holzmauer anbringen. Dann muss ich dieses Gesindel nicht mehr sehen und die Pollen können nicht so leicht meinen gepflegten Rasen ruinieren.«

»Ist das nicht ein bisschen übertrieben Hans, wir haben seit über 25 Jahre die Mauer aus unseren Köpfen verbannt und du richtest dir wieder deine kleine Gartenzwerg-Grenzzone ein???«, fragte ich Hans und bekam von Clara einen Tritt ans Schienbein.

»Du warst schon in der Schule so. Dich interessierten nur die Mädchen, Partys und das volle Leben. Wann willst du mal erwachsen werden? In unserem Alter müssen wir doch für unsere Werte einstehen, sie schützen und verteidigen!«

»Dein Nachbar Hannes steht auch für seine Werte des ökologischen Gartenbaus ein und versucht, diese umzusetzen, um seinen Kindern eine Spieloase hier in eurer Gartenanlage zu schaffen«, versuchte ich meinen Standpunkt zu verteidigen. »Ach Lotta, mir ist aufgefallen, dass du gar keine Quizheftchen mehr im Garten hast«, zog ich sie auf.

»Wir gewinnen nichts mehr und fahren auch nirgendwo mehr hin. Du siehst ja, was dabei raus kommt, wenn man mal kurze Zeit weg ist.«

Während meines Ausflugs in Hans' Nachbargarten hatte Lotta den Kaffeetisch gedeckt. Bunte Sammeltassen und feinstes Gelsenkirchener Barockgeschirr schmückten den Tisch. Lotta hatte zwei Torten gebacken und sehr aufwendig dekoriert. Die Aufregung um die Nachbarn hatte sich scheinbar ein wenig gelegt und wir tranken gemeinsam Kaffee.

»Da hast du dir aber wieder sehr viel Mühe ...«, begann Clara zu heucheln, als es einen Schlag und ein Rumsen gab und der Fußball der Nachbarjungs direkt auf dem Kaffeetisch aufschlug und etliche Kaffeetassen und die gute Cremetorte vom Tisch fegte. Die Krönung aber war, dass ein Großteil der Mokka-Cremetorte in Hans' Gesicht landete und dadurch sein Sichtfeld sehr eingeschränkt war. Als Lotta nun mit dem kleinen abgespreizten Finger ihre Kaffeetasse festhielt und ihren Mann allen Ernstes fragte, ob er denn nicht in dem anwaltlichen Brief darauf hingewiesen hätte, dass in der Kaffeezeit das Ballspielen grundsätzlich verboten sei, konnten Clara und ich uns vor Lachen nicht mehr halten. Hans wischte sich den ersten Teil der Cremetorte aus seinem Gesicht, zumindest so viel, dass sein Sichtfeld wieder frei war, nahm den Ball, schnaufte vor Wut und ging in Richtung des Nachbargartens.

Vermutlich reichte sein Sichtfeld doch nicht ganz aus: Er stolperte über einen seiner Lieblingsgartenzwerge und verlor das Gleichgewicht. Hans knallte mit dem Gesicht in den Gartenteich und der Ball in seiner Hand flog – in hohem Bogen – auf das benachbarte Grundstück. Die Kinder, die immer noch wie versteinert am Gartenzaun standen, nutzten die Chance, um den Ball zu schnappen und die Flucht zu ergreifen. Lotta eilte, mit einer Rolle Papierhandtücher bewaffnet, ihrem Hans zu Hilfe. Die Situation wurde immer unterhaltsamer, zumindest für uns. Jetzt war der Moment gekommen, wo auch Hans über die Situationskomik hätte lachen können. Aber Hans war außer sich vor Wut. Er holte eine Kleinbildkamera und ein leeres Marmeladenglas. Zuerst fotografierte er den Kaffeetisch und das zerbrochene Geschirr. Anschließend nahm er das Marmeladenglas, hielt es in den Teich und entnahm eine Wasserprobe. »Das brauche ich alles als Beweis für unseren Anwalt und für die nächste Vorstandssitzung. Das lasse ich mir nicht bieten, und ihr seid meine Zeugen«, brüllte Hans mit geballter Faust in Richtung Nachbargarten. Als sich die Aufregung wieder ein bisschen gelegt hatte und wir bei einem guten Glas Rotwein zusammen saßen, kamen die zwei Jungen von nebenan zu den Baumanns herüber. Sie hatten Pusteblumen gepflückt und den Rest, der am Ball klebenden Torte auf eine Servierte geschmiert und wollten sich entschuldigen.
»Wir dachten, dass sie die Tortencreme vielleicht noch gebrauchen können?! Und wegen dem Ball, das tut uns wirklich leid.«
»Schon gut«, brummelte Hans vor sich hin, »ihr könnt ja nichts dafür, da müssen eure Eltern besser auf euch aufpassen oder den Zaun verstärken. Aber das werdet ihr schon alles in den kommenden Wochen sehen. Sagt eurem Vater, dass er Post von unseren Anwälten erhält.«
»Genau genommen ist Hannes nur mein Vater«, antwortete der kleinere der beiden Jungs. Sie nahmen sich in den Arm und erzählten uns, dass sie eine sehr fröhliche und glückliche Patchwork-Familie seien. Das war für Hans' Moralvorstellung endgültig zu viel.
Im Spätsommer hatten wir uns mit ein paar ehemaligen Klassenkameraden kurz entschlossen überlegt, ein kleines spontanes Klassentreffen

zu machen. Und Hans bestand darauf, dass dieses unbedingt in seinem Garten stattfinden sollte. Alles in der Gartenanlage »Grüner Daumen« war im Stil eines vorgezogenen Oktoberfestes dekoriert: Biertische mit blau-weiß karierten Tischdecken, Brezeln auf den Tischen, Weißwürstel und Radieschen rundeten das Bild des September-Oktoberfestes bei Hans und Lotta ab. Die Stimmung war gut, das Bier strömte vom Fass und die Musik unserer Jugendzeit spielte dezent im Hintergrund. Auch die Gartennachbarn rechts von Hansens Garten – Peer und Hajo waren übrigens beide sehr nett und immer um eine gute Nachbarschaft bemüht – schienen am heutigen Tag eine Party zu haben. Bunte Fähnchen- und Lampion-Girlanden und künstliche, lebensgroße Sonnenblumen schmückten den Garten. Lotta hatte mit den beiden Gartennachbarn heimlich Frieden geschlossen. Nur Hans konnte und wollte nicht über seinen Schatten springen, um den Nachbarn eine Chance zu geben.
»Schwuchteln haben in dieser Anlage und neben meinem Grundstück nichts verloren«, waren seine preußischen Dickschädelansichten.
Wie so oft, stellten sich Peer und Hajo an den Gartenzaun in Richtung Baumann'sches Gartenzwergparadies, umarmten sich, hielten ihre zwei Chihuahuas hoch und winkten uns zu.
»Wir wünschen euch einen schönen Partyabend. Wir feiern heute mit Freunden und Kollegen den Sommerausklang«.
»Wir feiern ein kleines, spontanes Klassentreffen«, begann unser Hartmut zu antworten. Doch bevor er weiterreden konnte, unterbrach Hans das Gespräch.
»Lass die Popopiraten da drüben, die brauchen wir hier nicht.«
Lotta versuchte, die Situation zu entkrampfen, indem sie ihren guten, selbst angesetzten Brombeerschnaps ausschenkte. Betroffen und mit einer gehörigen Portion »Fremdschämen« widmeten wir unsere Aufmerksamkeit wieder unserem Gastgeber.
Der Abend brach herein und wir lachten über viele alte Anekdoten unserer Schulzeit, bis unser DJ Ulli die Stereoanlage zu dem Lied »(I can't get no) Satisfaction« von den Rolling Stones voll aufdrehte. Mit der Unterstützung von Luftgitarren und Besteck mimten wir die Stones nach und hatten un-

seren Spaß. Als dann noch das Lied »Give Peace a Chance« gespielt wurde, versammelten wir uns im Kreis auf dem Terrassenboden und klopften, wie früher, den Takt mit. Die Stimmung war schon fast auf dem Höhepunkt, als auch noch eine – mit bunten Hemden und Flower-Power-Girlanden geschmückte – Gruppe in einer Polonaise in Baumanns Garten eintritt. Die Gäste des Nachbargartens legten uns ebenfalls Girlanden um den Hals und wir tanzten nach Liedern von Marianne Rosenberg oder der Dieter-Thomas-Kuhn-Band miteinander, grölten die Texte in die Nacht hinein und feierten ausgiebig. Wir hatten alle unseren Spaß.
Bis auf Hans.
Er hatte sich in das Feindbild seiner Nachbarn so reingesteigert, dass es ihm nicht möglich war, über seinen Schatten zu springen und den Abend zu genießen.
»Schnell, ich brauche Hilfe!«, schrie Lotta plötzlich in die laue Spätsommernacht. »Ich glaube, Hansi hat einen Herzanfall! Das war alles zu viel für ihn«, wimmerte Lotta.
Glücklicherweise war einer der Gäste aus dem Nachbargarten Internist und konnte Hans recht schnell wieder stabilisieren, er begleitete ihn ins Krankenhaus und wir anderen räumten, nach bestem Wissen und unter Einhaltung der Bauman'schen Ordnung, den Garten wieder auf.
Wir feierten nie wieder bei Hans und Lotta eine Party. Seine Meinung zu den beiden Gartennachbarn hat er bis heute nicht revidiert. Mein Klassenkamerad Ulli berichtete neulich, dass man aus einem alten Fundus der DDR-Grenztruppen alte Selbstschussanlagen entwendet hätte und fügte mit einem Augenzwinkern hinzu: »Die sind jetzt bestimmt bei Hans im Garten installiert.«
Gerne würde ich irgendwann noch einmal den Hannes besuchen und mir das Resultat der Umgestaltung in einen ökologischen Naturgarten anschauen. Sollte Hans Baumann noch Vorsitzender der Gartenanlage sein, habe ich jedoch die Befürchtung, dass ich einen Passierschein zum Besuch des Nachbarn brauche.
Bei meiner Aufräumaktion bin ich zu der Erkenntnis gelangt, dass wir mit unserer Lebenserfahrung auch bestimmte Prinzipien gewonnen ha-

ben. Aus dem Kontakt zu Hans habe ich jedoch für mich mitgenommen, dass man sich Neuem öffnen sollte und immer schön neugierig bleiben muss, wenn es darum geht, andere Menschen und deren Gewohnheiten kennenzulernen.
Dann klappt's auch mit dem Nachbarn.

Die Weihnachtszeit bei den Hartmanns

Wie die meisten Menschen nahmen auch wir uns jedes Jahr vor, die Weihnachtszeit ruhiger und entspannter angehen zu lassen. So auch dieses Mal. An allen vier Adventswochenenden besuchten wir Weihnachtsmärkte in unterschiedlichen Städten unserer Region. Alles Notwendige für die Feiertage hatten wir schon im Vorfeld eingekauft, um damit dem vorweihnachtlichen Treiben und der »Jagd nach der scheinbar letzten Ware« in den Lebensmittelgeschäften zu entkommen.
Kaufte Clara sonst immer Geschenke über das Jahr verteilt, für unsere Familie und Freunde – die sie anschließend oft so gut versteckte, dass ihr diese erst Monate später wieder in die Hände fielen –, so sollte es dieses Jahr mal nichts geben, außer vielleicht ein paar kleine Nettigkeiten für unser Pubeltier, die Schwiegereltern und für unsere Freunde. Wir aber nahmen uns vor, uns gegenseitig nichts zu schenken.
Nichts!
Wir hatten uns vor einigen Jahren schon einmal *nichts* schenken wollen. Was zur Folge hatte, dass ich mich daran gehalten habe und wirklich *nichts* als Geschenk für meine Frau hatte. Sie aber hatte mir einen sehr edlen Kugelschreiber und eine schöne Strickjacke geschenkt.
»Na, das *ist nichts,* nur eine Kleinigkeit«, entgegnete sie, als ich von ihr wissen wollte, warum das Wort *nichts* von ihr anders verstanden wurde als von mir. Die Enttäuschung, dass ich mich an unsere gemeinsam gefasste Absprache gehalten und wirklich *nichts* für sie hatte, schon gar keine Kleinigkeit, war Clara am Heiligen Abend anzumerken.

»Weißt du Frank«, höre ich sie noch heute sagen, »wenn man seinen Partner liebt, fallen einem auch nette Kleinigkeiten für ihn ein, ohne dass man lange darüber reden muss.«

Das passierte mir kein zweites Mal. Diesmal wollte ich vorbereitet sein. Aber während Clara ein glückliches Händchen dafür besaß, schnell die besagten »netten Kleinigkeiten« zu finden und anschließend auch noch ansprechend zu verpacken, war das bei mir leider ganz anders. Also trieb mich die Frage um, was um Himmels Willen ich ihr schenken sollte! Hatte sie mir vielleicht schon etwas signalisiert und ich hatte es wieder nicht mitbekommen? Überlege Frank, überlege!

Ich stand im Kaufhaus in der Kosmetikabteilung und sah die Vielzahl an Möglichkeiten, die sich eine Frau ins Gesicht schmieren kann. Welche Creme benutzte Clara? Sie hatte doch ein bestimmtes Parfüm? Das roch so gut … wie war noch mal der Name?? Warum wusste ich so etwas nicht? Plötzlich erinnerte ich mich an das Fiasko zu ihrem 35. Geburtstag. Ich hatte ihr damals eine Anti-Aging-Creme geschenkt und nicht auf die Altersempfehlung ‹ab 50› geachtet …

Meine Nerven flatterten. Wie sollte ich hier das passende Geschenk finden? Völlig überfordert sprach ich die Dame neben mir an, von der ich ausging, dass sie hierher gehörte.

»Guten Tag, ich muss meiner Frau eine Kleinigkeit zu Weihnachten schenken. Es soll nichts Aufdringliches sein und nicht zu teuer. Da sie hin und wieder so was wie Altbausanierungsmaßnahmen im Gesicht vornimmt, wäre vielleicht irgendeine Ihrer Spachtelmassen hier das Richtige«, versuchte ich der Verkäuferin etwas spaßig auf die Sprünge zu helfen.

»Welche Farben beliebt denn Ihre Frau aufzutragen?«

»Oh, sie beliebt … das weiß ich nicht. Ich stehe nicht dabei, wenn sie ihre Renovierungsarbeiten vornimmt«, antwortete ich. »Haben Sie nicht einen Tuschkasten, wo von allem etwas dabei ist? Damit könnte man doch nichts verkehrt machen, oder?«, fragte ich hilflos.

»Schauen Sie lieber zu Hause noch einmal genau nach, was Ihre Frau an Pflege- und Schminkprodukten verwendet!«, riet mir die Kosmetikfachverkäuferin freundlich, aber nicht mehr im Geringsten daran interessiert, mir aus dem Schlamassel zu helfen.

Mist, dachte ich. Ich wollte das mit den Weihnachtsgeschenken hier und heute hinter mich bringen. Ich wollte ja auch nur eine Kleinigkeit. Und plötzlich sah ich es. Ein Paket, handlich klein und schon mit einer roten Schleife versehen. Die Verpackung stimmte! Und der Inhalt? Auch! Waschpulver, und so verpackt, dass ich es gleich so verschenken konnte. Wie praktisch. Die Firma hatte extra eine kleinere Abpackung mit der roten Schleife produziert. Bestimmt hatte der Waschmittelhersteller dabei ausschließlich an Männer wie mich gedacht, die »nur eine Kleinigkeit« für ihre Frauen suchten.

Das war es also, das ultimative Geschenk! Und wie oft hatte mir Clara gerade in den letzten Tagen zu verstehen gegeben, dass sie unbedingt Waschmittel bräuchte, sonst könne sie unsere Hemden nicht waschen. Da kommt doch so eine kleine Gabe, nett verpackt, bestimmt gut an. Während ich siegessicher und gut gelaunt mit meinem kleinen Geschenk in Richtung Kasse ging, wurde ich im Kaufhaus auf eine Werbung aufmerksam:

»Bügeln, so leicht, wie von selbst«

Oder schenke ich ihr lieber ein Bügeleisen?, grübelte ich. Clara hasste bügeln. Wenn es etwas gab, über das sie sich am meisten aufregte, dann über die Sinnlosigkeit, meine und mittlerweile auch Bens Hemden zu bügeln. Aber wenn sie jetzt ein Bügeleisen hätte, das von selbst – oder wenigstens fast von selbst – bügeln würde, wäre ich bestimmt mit meinem Geschenk der Held. Ich überlegte nicht lang und nahm auch noch dieses wundervolle Geschenk mit. Schließlich hatte Clara auch bald Geburtstag.

Als ich das Kaufhaus verließ, roch es auf dem Vorplatz nach Zimt, Orangen und Glühwein. Viele kleine Stände mit Schmuck, Halstüchern und Schwibbögen hatten um den Einkaufstempel ihren Platz gefunden. Den Stress hinter mir lassend, schlenderte ich an den Verkaufsständen vorbei und blieb unvermittelt an einem stehen. Hier hatte Clara letztens sehr lange gestanden und von einer Holzkette geschwärmt, zu der ein gewisser Seidenschal sehr gut passen würde. Ich musste sogar mein Telefonat mit meinem Chef unterbrechen, um mir beides anzuschauen! Na, das war er doch, der Wink mit dem Zaunpfahl, grinste ich und kaufte auch noch diese zwei Teile. Zuhause öffnete ich vorsichtig die Packung mit dem Waschpulver, nahm den Beutel mit dem Waschmittel heraus und füllte die Packung wieder mit dem Halstuch, der Kette und einem schönen Buch. Ich freute mich schon auf ihren Gesichtsausdruck, wenn ich ihr stolz erklären würde, dass ich dieses Jahr auch eine nette Kleinigkeit für sie hätte und ich mir sicher sei, dass sie dies auch gut gebrauchen könne. Da ich sie liebte, hätte ich die letzten Tage und Wochen versucht, ihr die Wünsche von den Augen und den Lippen abzulesen. Einer ihrer größten sei ja gewesen, endlich wieder unsere Wäsche waschen zu können, und da würde ich doch mit dieser Kleinigkeit voll ins Schwarze treffen.

Vorfreude machte sich in mir breit und ich bekam das Grinsen nicht mehr aus meinem Gesicht.

Vorweihnachtliches Missgeschick

In der Vorweihnachtszeit beschloss natürlich auch Clara, in die Stadt zu gehen, um Weihnachtsgeschenke einzukaufen.
»Liebling, du bist mir doch bestimmt nicht böse, wenn ich dich nicht begleite?«, stellte ich mehr fest als ich fragte.
»Nein Frank, das soll mir recht sein. Wenn du dabei bist, kann ich sowieso nicht in Ruhe nach Geschenken suchen. Es wäre nur ganz nett von dir, wenn du mich am Ende der Shoppingtour wieder in der Stadt abholen würdest, damit ich nicht mit den ganzen Tüten im Bus fahren muss.«
Diesen Kompromiss ging ich gerne ein. So ein Samstagnachmittag mit einem guten Buch im Wintergarten hatte etwas für sich. Wann kommt man schon mal dazu? Leider ging die Zeit der Ruhe und Entspannung zu schnell vorbei. Früher als mir lieb war, erhielt ich den Anruf, dass ich mich so langsam in Bewegung setzen sollte, um meine Frau am vereinbarten Treffpunkt am Rande der Fußgängerzone abzuholen. Eigentlich wollte ich auch sofort starten, aber das angefangene Kapitel musste ich noch zu Ende lesen.
Nun, sich an einem Samstagnachmittag in einer Landeshauptstadt darauf zu verlassen, dass man schnell zu seinem vereinbarten Treffpunkt kommt, ist ein Trugschluss.
»Mensch, fahr doch«, hörte ich mich immer wieder fluchen. Die müssten doch eigentlich alle Verständnis dafür haben, dass ich schon viel zu spät dran war und mir bestimmt gleich wieder eine Moralpredigt von Clara anhören musste. Jede Ampelanlage stand auf Rot! Mir schien es, als ob sich alles und jeder gegen mich verschworen hatte. Diese Städte- und Verkehrswegeplaner sind allesamt Kulturbanausen, fluchte ich innerlich. Die hätten doch theoretisch einen in Eile geratenen Fahrer, der nur noch schnell ein Kapitel hatte zu Ende lesen wollen, in ihrer Planung berücksichtigen müssen. Der Einsatz von Sondersignalen für in Zeitnot geratene Ehemänner wäre definitiv eine nützliche Erfindung.
Oh Mann, hoffentlich finde ich gleich eine Haltemöglichkeit in der »Ehefrau-Einladezone« am Rand des Fußgängerbereiches, hoffte ich

schweißgebadet. Geschafft, direkt hinter einem Fahrzeug, das dem unseren in Farbe und Modell bis ins Detail glich, fand ich eine Haltebucht. Nur Clara war nirgends zu sehen. Sollte sie diese knappe halbe Stunde nicht gewartet haben und nun doch mit dem Bus nach Hause gefahren sein? Während ich mein Handy suchte, um sie anzurufen, da ich mir sicher war, einen Anschiss am Telefon besser abwiegeln zu können, überlegte ich, was ich zu ihr sagen sollte:
»Oh Clara, was? Eine halbe Stunde zu spät? Ich kann dich ganz schlecht verstehen, das ist aber auch wieder eine blöde Verbindung«.
Doch da kam Clara mit Tausenden von Tüten bepackt und einem sehr merkwürdigen Gang auf die Parkbucht zugelaufen. Sie schmiss die Tüten auf die Rückbank und ließ sich auf den Beifahrersitz fallen. Mit der Vertrautheit, die man nur in einer langjährigen Beziehung kannte, fauchte sie:
»Mensch, fahr los! Sonst kack ich dir noch ins Auto, und pullern muss ich auch. Ich habe so dolle Blähungen, dass ich nur hoffe, dass wir es noch rechtzeitig bis nach Hause schaffen. Fahr LOS!«
»Gerne, wenn Sie mir dann noch verraten, wohin«, antworte der Herr, der neben Clara am Lenkrad saß. Erst jetzt bemerkte sie, dass sie in ihrer großen Not ins falsche Fahrzeug gestiegen war. Fluchtartig, wie von einer Tarantel gestochen, sprang Clara aus dem vor mir parkenden Auto, schaute sich verstört um und entdeckte mich gleich dahinter. Mit letzter Kraft warf sie sich auf den Beifahrersitz. Und ehe ich sie fragen konnte, was da eben los war, bettelte und flehte sie mich an:
»Fahr los, Frank! Mir ist etwas ganz Peinliches passiert. Frag einfach nicht und gib Gas!«
Brav setzte ich mein Auto in Bewegung.
»Sag mal, was hast du zu dem anderen Fahrer gesagt«, fragte ich meine Frau, da uns dieser Wagen durch die ganze Stadt folgte.
»Frank, ich kann jetzt nicht reden. Gib einfach Gas!«, wimmerte Clara mit schmerzverzerrtem Gesicht.
»Jetzt macht der auch noch Lichthupe. Hast du ihm was versprochen?« Ich gab alles, um dem vermeintlichen Verfolger zu entkommen. Erst

vor der Haustür und als Clara schon längst in Windeseile Richtung Wohnung entschwunden war, konnte der andere Wagen mich stellen. »Sorry, aber Ihre Frau hat Ihre Handtasche und die Einkaufstüten bei mir im Auto vergessen«, und besorgt fragte er weiter: »Und, hat sie es denn noch rechtzeitig zur Toilette geschafft?«

Der Heilige Abend und der Weihnachts-Hartmann

Schon seit über 25 Jahren mime ich in der Weihnachtszeit für eine soziale Organisation unserer Stadt den Weihnachtsmann. Der Weihnachtsmann zu sein, das bedeutet für die Angehörigen der Weihnachtsmannfamilie, sprich für Clara und Ben, einiges an Entbehrungen und mitunter eine ganze Portion Verständnis. Jedes Jahr um die Zeit gab es die gleichen Diskussionen.
»Wann bist du diesmal fertig?«, fragte mich Clara.
Was sollte ich auf diese Frage antworten, wusste ich es doch selber nicht genau.
»Ich muss heute Abend zu neun Familien. Wenn ich mich beeile, kann ich es bis 19.30 Uhr schaffen«, erklärte ich.
»Na toll, ich dachte wir könnten einmal mit der ganzen Familie zu Abend essen. Warum musst du eigentlich jedes Jahr so viele Familien besuchen?«, schimpfte meine Frau. »Du hast doch noch andere Weihnachtsmannkollegen. Die haben keine Familie zu Hause sitzen. Ich verstehe ja dein soziales Engagement, aber wir sind auch froh, wenn wir endlich Weihnachten feiern können.«
Ich konnte meine Frau verstehen, aber saß auch zwischen zwei Stühlen. Klar, hatte ich selber eine Familie, aber da draußen gab es so viele Kinder und Familien, denen es nicht so gut ging. Und da einfach gar nichts zu tun, das konnte ich nicht. Clara wusste das.

»Ja, ja, das Timing vom Weihnachtsmannbüro ist aber auch jedes Jahr mies. Da lassen die einfach zu, dass mich am 24. Dezember alle als Weihnachtsmann buchen. Dabei gäbe es bestimmt die Möglichkeit, die Termine gleichmäßig über die ganzen Feiertage bis zu Silvester zu verteilen, dann hätte man zu Heilig Abend nicht so viel Stress und ich wäre pünktlich zum Essen zu Hause«, versuchte ich zu scherzen.

»Ich habe nichts gegen dein Engagement, aber warum müssen es in den Abendstunden immer so viele Besuchstermine sein«, fragte mich Clara, jetzt aber schon mit einem versöhnlichen Schmunzeln im Gesicht.

»Schatz, es ist Heilig Abend, und da kommt eben der Weihnachtsmann oder das Christkind, und ich bin ein guter Weihnachtsmann. So gut, dass ich mich vor Anfragen nicht mehr retten kann.« Ich ging zu meiner schmollenden Clara, nahm sie in den Arm und flüsterte ihr ins Ohr: »Oder bist du etwa nicht stolz auf deinen Weihnachtsmann?«

Nun hören sich neun Besuche gar nicht so viel an, doch ist es jedes Jahr aufs Neue eine logistische Herausforderung und ein Marathonlauf gegen die Zeit. Einplanen konnte ich z. B. nicht, ob ich sofort einen Parkplatz vor dem besagten Haus bekam oder wie gut vorbereitet die Familien selber waren. Einige führten ein komplettes Weihnachtsmusical auf, andere zitieren Weihnachtsgedichte mit instrumentaler Untermalung oder veranstalteten ein Fotoshooting mit dem Weihnachtsmann. Und worauf ich jedes Jahr aufs Neue nicht vorbereitet bin, sind die unendlich vielen Treppen.

Ganz besonders zeitaufwendig ist es, wenn Omas und Opas zu Besuch sind. Nicht selten bekomme ich als Weihnachtsmann das gesamte Lieder- und Gedicht-Repertoire des vergangen Jahrhunderts zu hören. In der Vergangenheit hatte ich oft Besuchstermine, bei denen ich sicher war, mehr die Großeltern als die Kinder bespaßt zu haben. Aber der Weihnachtsmann ist ja schließlich auch für alle da.

In meinem Zweitjob muss ich mich genauso gut vorbereiten wie in meinem Beruf als Automobilkaufmann. Und so lasse ich mir per E-Mail die kleinen und großen Wünsche, liebenswerten Eigenschaften, aber auch Sünden der Kleinen zuschicken. Elterliche Wünsche für das kommende Jahr sind ebenso dabei. Als Weihnachtsmann teilt man nicht nur Geschenke aus, sondern sammelt auch. Und zwar massenweise Versprechungen, die die Kinder dem Weihnachtsmann und damit ihren Eltern für das nächste Jahr geben müssen. So kommt es schon mal vor, dass der Sack am Ende einer Tour mit mindestens drei Nuckeln oder anderen Dingen mit kleinkindlichem Suchtpotential und einigen selbstverfassten Versprechungen gefüllt ist.

Vor vielen Jahren übergaben mir einmal die Eltern eines zweijährigen Jungen den Nuckel des Kleinen mit den Worten: »Den braucht Jan-Keke jetzt nicht mehr, er ist ja schließlich schon groß«, und drangen darauf, dass ich diesen unbedingt mitnehmen müsse. »Damit wir Eltern gar nicht erst nachgeben, wenn unser Sohn schreit«, waren die weisen Worte der jungen Eltern.

In der Nacht vom ersten auf den zweiten Feiertag klingelte um 2.30 Uhr der völlig entnervte Papa von Jan-Keke an unserer Tür Sturm und fragte kleinlaut, ob ich eventuell noch den Nuckel von seinem Sohn hätte.

»Ich halte das Gebrüll unseres Sohnes nicht mehr aus, dann soll er eben den Schnuller nehmen, bis er sein Abitur hat. Bitte Herr Weihnachtsmann, Sie müssen uns helfen!«

(Sollten sie also in der nächsten Zeit einen Jungen im Alter von ca. acht Jahren mit Nuckel im Mund antreffen, dann kann es sich mit höchster Wahrscheinlichkeit nur um Jan-Keke handeln.)

Die gesammelten Zuschriften der Eltern bündle ich immer zu einem kleinen Buchtext, den ich mir sehr genau einprägen muss, damit es nicht zu peinlichen Verwechslungen kommt. Ein guter Weihnachtsmann darf auch niemals vergessen, dass er für das überraschende Zusammentreffen mit anderen Kindern gewappnet sein und immer etwas Süßigkeiten in den Taschen haben muss. Aber auch die Hunde, die in den Vorgärten oder in den zu besuchenden Haushalten leben, sind nicht zu vergessen. So hatte ich immer in der linken Tasche Süßigkeiten für die Kinder und in der rechten Tasche Leckerlis für die Hunde dabei. Die Schwierigkeit bestand oft darin, den Inhalt der Taschen nicht zu verwechseln.

Aus Erfahrung fuhr ich jedes Jahr die Besucherroute im Vorfeld ab, um die Wegstrecke, die Parkplatzsituation, sowie die örtlichen Gegebenheiten zu kontrollieren und in die Zeitplanung mit einfließen zu lassen. So auch in diesem Jahr. Ich ging noch einmal alles durch und war der Meinung, gut vorbereitet zu sein.

Der Heilig Abend war gekommen.

Pünktlich um 14.00 Uhr kam ich bei der ersten Familie – mit drei Kindern im Alter von 2, 4 und 6 Jahren – an. Es lief alles nach Plan. Wir sangen zusammen zwei Weihnachtslieder. Anschließend holte ich den Sack mit Geschenken von draußen rein, den mir die Familie schon vor die Tür gestellt hatte. Jedes der Kinder bekam, mit ein paar individuellen Worten aus meinem schlauen Buch, sein Geschenk überreicht und ich startete wieder durch. Wenn das so weiter geht, bin ich dieses Jahr pünktlich.

Gegen 14.45 Uhr fuhr ich zu meinem nächsten Termin. Familie Landolff wohnte im Stadtparkviertel 12, am Rande des Stadtwaldes. Sehr idyllisch, aber eben sehr abseits gelegen dieses Haus, dachte ich so bei mir, als ich das Grundstück betrat. Laut meiner Planung hatte ich noch fünf Minuten Zeit, bevor ich zwei Kinder im Alter von 3 und 7 Jahren beschenken und ein 15-jähriges Pubeltier bespaßen sollte. Langsam ging ich den langen, unübersichtlichen Weg von der Gartenpforte zum Haus entlang.

Also, wer hier jeden Morgen lang laufen muss, um zum Auto oder zur Straße zu kommen, der ist danach mit Sicherheit wach, stellte ich fest. Ich hatte bereits die Hälfte des Weges geschafft und zuppelte noch einmal an meinem Kostüm und meinen Bart, als ich ein grässliches Knurren links neben mir vernahm. Verängstigt blickte ich in die mutmaßliche Richtung und entdeckte jetzt erst das Schild, auf dem stand: »Ich brauche nur 10 Sekunden bis zur Gartenpforte. Und Du??«

Na super, dachte ich. Ist ja richtig nett, dass die Besitzer des Grundstückes erst in der Mitte des Weges ein Hinweisschild angebracht haben. Nach dem Motto: Lieber spät als nie. Oder war das nur ein Witz? Gott sei Dank hatte ich als erfahrener Weihnachtsmann vorgesorgt und genau für solche Fälle die Leckerlis in der rechten Manteltasche meines Kostüms. Langsam griff ich hinein und nahm ein Leckerli heraus, das die Größe einer kleinen Praline hatte. Erfahrungsgemäß waren die Racker erst mal eine Zeit lang damit beschäftigt, sodass ich wenigstens bis zum Eingang oder wieder bis zum Auto zurückkam.

»Ganz ruhig. Ja, komm zum Weihnachtsmann. Du bist ja ein Guter«, sagte ich, mehr um mich selbst zu beruhigen und ohne die süße kleine Fußhupe, die sich im Stimmbruch befinden musste, überhaupt gesehen zu haben. Prompt standen zwei dunkle Rottweiler im XXL-Format vor mir. Über die Leckerlis vom Weihnachtsmann schienen sie sich so sehr zu freuen, dass sie nicht nur knurrten, sondern auch noch ihre schönen weißen Zähne fletschten.

So waren weder mein Lebensabgang noch der heutige Abend geplant gewesen. Eigentlich hatte ich mich schon auf den Cognac gefreut, den ich traditionell am späten Heiligen Abend mit meinem Schwiegervater trank. Sollte er jetzt die Flasche Courvoisier erben? Ben trank ja noch keinen Alkohol, zumindest nicht in unserem Beisein. Was sollten die auf mich wartenden Kinder und ihre Familien denken, wenn der Weihnachtsmann nicht kam? Ich sah schon die Schlagzeilen in der BILD-Zeitung vor mir: »Weihnachtsmann in treuer Pflichterfüllung von zwei Rottweilern zerfleischt.

Kinder total traurig.

Zwei gegen einen. Die Situation war, verflixt noch mal, ungerecht.«

Zur Gartenpforte zu laufen hätte ich unter zehn Sekunden nicht geschafft. Um Hilfe zu rufen, war die Entfernung vom aktuellen Standort der Rottweiler und des Weihnachtsmanns zum Wohnhaus zu weit.

Natürlich haben moderne Weihnachtsmänner ein Handy dabei. Aber, um Klingelattacken drängelnder ungeduldiger Eltern während einer laufenden Bescherung ausschließen zu können, ließ ich mein Telefon grundsätzlich im Auto liegen und trug es nicht am Mann.

Ganz vorsichtig griff ich in meine rechte Manteltasche und warf den mir immer noch Angst einflößenden Hunden ein Leckerli nach dem anderen zu und bemühte mich krampfhaft, eine Lösung für mein Problem zu

finden, was mir beim Anblick der gefletschten Zähne nicht gerade leicht fiel. Rechts von mir entdeckte ich, in erreichbarer Nähe, einen Schuppen, an dem eine Leiter lehnte. Das müsste gehen. Leise, um mich selber zu beruhigen, flüsterte ich:
»Herr Hartmann, Sie müssen jetzt ganz stark sein und die Leckerlis gaaanz weit weg nach links werfen, um dann schnell nach rechts zum Schuppen zu laufen und auf die Leiter zu klettern.«
Wusste ich früher nie, warum wir im Sportunterricht ständig Weitwurf üben mussten, so war ich mir heute Abend sicher, dass mein Sportlehrer mich auf das wahre Leben und die Gefahren als Weihnachtsmann hatte vorbereiten wollen. Nur bestand mein Problem leider darin, dass ich schon früher bei den Jugendfestspielen im Weitwurf eine Lachnummer gewesen war. Es ist nicht so, dass ich nicht wollte, vielmehr war es mein Unvermögen, das zur allgemeinen Belustigung meiner Klassenkameraden führte. Ich nahm den größten Anlauf, holte weit aus und warf den Ball so *hoch* ich nur konnte … und er landete wieder direkt vor meinen Füßen.
»Denke an den guten Cognac, Herr Hartmann. Das musst du schaffen!«, versuchte ich mich zu bestärken. Und so weit wie ich konnte, warf ich gleich alle Hundeleckerlis nach links, wartete, bis die Hunde den Pralinen für Tiere folgten und lief nach rechts, um auf die Leiter zu flüchten. Dabei stolperte ich über ein Seil, kümmerte mich aber nicht weiter darum. Keuchend und mit letzter Kraft stand ich am äußersten Ende der Leiter in einer sicheren Entfernung von den Hunden. Ziel erreicht. Da gingen plötzlich auf dem gesamten Grundstück flutlichtartige Scheinwerfer an, eine Sirene schrillte durch den Heiligen Nachmittag und die Hunde mussten wohl bemerkt haben, dass ich sie ausmanövriert hatte und standen jetzt bellend vor der Leiter. Ich musste nicht lange warten, da tauchten zwei Herren, bewaffnet mit einem Gewehr, unten an der Leiter auf. Sie stellten sich neben die Hunde.
»Nicht bewegen und Hände hoch«, brüllte mir einer der Männer zu.
»Witzig«, brüllte ich zurück. »Wenn ich jetzt die Hände hochnehme, falle ich runter und Ihre Hunde zerfleischen mich, und das wäre echt blöd, da zu Hause noch ein Courvoisier auf mich wartet und die BILD-Zeitung

bestimmt keine Schlagzeile über einen pflichtbewussten Weihnachtsmann schreiben will«, hörte ich mich sagen.
»Was du wollen hier«, herrschte mich der Herr mit dem Gewehr an.
»Na, Sie sind gut! Ich bin der bestellte Weihnachtsmann und ich will zu Ihren Kindern«, antwortete ich nun doch etwas eingeschüchtert.
»Mein Name ist Ivan Protschenko und ich hier lebe mit meine Bruder und unsere Frauen. Wir keine Kinder haben. Dafür wir haben immer wieder Einbrecher oder Leute, die uns wollen überfallen. Wo deine Komplizen seien?«
Während ich krampfhaft versuchte, den Herren zu erklären, dass ich zu den Kindern der Familie Landolff wollte, weil ich der bestellte Weihnachtsmann sei, entgegnete der wenig weihnachtlich gestimmt Herr am Fuße der Leiter immer wieder:
»Du lügen. Weihnachten ist erst an 7. Januar und du ein gemeiner Einbrecher oder Mitglied von Überfallkommando. Mein Bruder rufen Polizei«, keifte er.
Jetzt wachten die Rottweiler und Ivans Bruder, dass ich sicher auf der Leiter blieb. Als ob ich je vorgehabt hätte, diese zu verlassen, solange diese fleischfressenden Bestien nicht verschwunden waren. Während ich auf meinem Aussichtsposten saß und mir endlich einfiel, dass ich die Protschenko-Brüder als Inhaber mehrerer Fitnessstudios und aus einem Zeitungsartikel über das Rotlichtmilieu kannte, kam auch schon Ivan in Begleitung zweier Polizisten zum Schuppen gelaufen.
»Können Sie sich ausweisen«, fragte einer der beiden Herren in blauer Uniform.
»Gewöhnlich erkennen mich die Leute auch so«, antwortete ich und lächelte dabei, was unter dem Bart natürlich niemandem auffiel, deshalb versuchte ich zu erklären: »Ich bin der Weihnachtsmann von der Organisation »Heimliche Helfer« und soll bei der Familie Landolff die Kinder beschenken.«
»Mensch, quatschen Sie nicht, Ihren Ausweis bitte!«, rief der leicht genervte Polizist von unten.

»Ich habe meinen Ausweis draußen im Auto. Wenn die Herren Protschenko ihre Hunde an die Leine nehmen, gehe ich gerne hin und hole ihn.«

Auf dem Weg zum Auto befragte mich einer der beiden Polizisten, was mit meinem französischen Kollegen wäre und wo er sich auf dem Gelände aufhalten würde.

»Herr Protschenko sprach von einem Herrn Corviser oder so.« Es musste wohl an der Anspannung gelegen haben, die sich nun etwas löste, aber ich prustete vor Lachen los und konnte nur sehr schwer und mit tränenerstickter Stimme dem Polizeibeamten klar machen, dass es sich hierbei um einen guten Cognac namens Courvoisier handelte, den ich heute Abend noch vor hatte, mit meinem Schwiegervater zu trinken.

»Sie haben getrunken?«, fragte mich einer der beiden Polizisten.

Fern der Hunde und aus der Sicht- und Schussweite der Protschenko-Brüder, wurde ich nun doch etwas ungehalten und fauchte meinerseits die Polizisten an:

»Jetzt reicht es mir. Ich habe selbstverständlich nichts getrunken und bin heute als Weihnachtsmann für neun Familien unterwegs. Hier steht es …«, ich zeigte den zwei Beamten meinen Routenplan, »…, dass ich um 15.00 Uhr im Stadtparkviertel 12 bei Familie Landollf sein soll.«

»Und warum betreten Sie dann das Grundstück der russischen Brüder Protschenko«, fragten mich die Polizisten.

»Drehen Sie sich um, da steht die Hausnummer 12. Es ist das erste Mal, dass ich diese Familie besuche. Ich musste also davon ausgehen, dass ich hier richtig bin.«

Inzwischen waren auch die zwei Brüder zum Ausgang gekommen.

»Ah, ist abgefallen eine Zahl Eins vor der Zwölf«, meinte einer der beiden Brüder. »Müssen wir mal wieder ankleben, bevor noch kommt zu mehr Verwechselung.«

Dank der netten Bewohner des Stadtparkviertels 112 wurde ich nun zu meinem nächsten Auftritt begleitet, damit die Polizeibeamten ganz sicher gehen konnten, dass meine Geschichte auch tatsächlich stimmte. Schon in heller Aufregung und ein wenig genervt empfing uns die Familie Landollf, nun wirklich in der Hausnummer 12, und war ziemlich überrascht und vollkommen irritiert, dass ich nicht alleine kam. Die Beamten befragten das Familienoberhaupt, ob sie einen Herrn Frank Hartmann als Weihnachtsmann von der Hilfsorganisation » Heimliche Helfer » für den heutigen Abend gebucht hätten.

Die ganze Aktion baute bei der Familie, die mich zum ersten Mal gebucht hatte, ein unheimliches Vertrauen auf und hinterließ einen unangenehmen Beigeschmack. Das merkte ich gleich. Als ich die Familie bat, ihre Toilette benutzen zu dürfen, wurde ich persönlich zum Örtchen begleitet. Sofort, nachdem ich dieses verlassen hatte, trat Papa Landollf ins Bad, um zu überprüfen, ob Rasierapparat und Fön immer noch an gewohnter Stelle lagen.

Die nachfolgenden Besuche verschoben sich alle um 1,5 Stunden, was mir bei allen Familien »sehr viel Sympathiepunkte« einbrachte. Klar hätte ich allen von meinem nachmittäglichen Erlebnis erzählen und auf Verständnis hoffen können, aber wen interessierte am Heiligen Abend so eine Story, zumal sie so wild klang, dass sie mir wahrscheinlich sowieso keiner geglaubt hätte. Also erzählte ich allen, dass ich eine Reifenpanne gehabt habe und konnte somit die eine oder andere Familie etwas versöhnlicher stimmen.

Mein letzter Besuch an diesem Abend führte mich zu einem kleinen Mädchen in der Goethestraße. Ich klingelte und war gerade auf dem Weg in den dritten Stock, als in der zweiten Etage ein ca. sechs Jahre alter Junge heraus gerannt kam und mich umarmte. Dabei rief er ganz laut: »Ich wusste, dass du kommst! Mama, Mama, der Weihnachtsmann hat sein Versprechen gehalten. Ich habe es dir doch gleich gesagt, dass er mich besuchen kommt.«

Beim Anblick der strahlenden braunen Kinderaugen konnte man nur dahinschmelzen. Nun kam auch die Mutter des kleinen Jungen aus der Wohnung und signalisierte mir, dass er seine Geschenke schon bekommen hätte. Jetzt war guter Rat teuer. Mein Zeitmanagement war grottig und der Abend sowieso schon im Arsch. Also erklärte ich dem kleinen

Jungen, dass ich zuerst zu dem Mädchen im dritten Stock gehen müsste und auf dem Rückweg noch einmal bei ihm klopfen würde.
»Au ja! Dann bau ich schon mal die Eisenbahn auf, die du mir vorhin vorbeigebracht hast.«
Während ich ein Stockwerk höher ging, dachte ich an mein verrücktes Zeitfenster und an meine Familie. Aber wenn Clara diese Augen und die Freude des kleinen Jungen gesehen hätte, dann würde sie bestimmt verstehen, warum ich ein bisschen später zum gemeinsamen Weihnachtsessen nach Hause kam (um genau zu sein: 2,5 Stunden). In der ganzen Hektik und weil ich mit meinen Besuchsterminen schon viel zu spät dran war, hatte ich nur vergessen, Clara davon in Kenntnis zu setzen. Als es mir wieder einfiel, war die ganze Familie, außer meinem Schwiegervater natürlich, in der Kirche. Ich sagte ihm nur kurz, dass es später wird und bat ihn, mit dem Trinken des Cognacs auf mich zu warten.
Endlich waren sämtliche Besuche »abgearbeitet«. Ich hatte allen großen und kleinen Kindern meine Botschaft als Weihnachtsmann überbracht und konnte zufrieden nach Hause fahren. Wo mich Clara gegen 21.30 Uhr liebevoll mit Fragen bombardierte:
»Wo kommst du denn jetzt her? Was ist diesmal passiert? Warum mussten wir der Polizei bestätigen, dass du als Weihnachtsmann unterwegs bist und warum bist du in eine russische Rotlichtmilieu-Villa eingebrochen? Du hättest wenigstens anrufen können. Wir haben uns Sorgen gemacht. 19.30 Uhr hatten wir als spätesten Essenstermin vereinbart. Falls du noch Hunger hast, dein Essen steht übrigens in der Küche.«
»Aber ich habe doch angerufen und bei Opa Bescheid gesagt«, entgegnete ich kleinlaut und dachte: Na, die 2,5 Stunden hätten sie ja ruhig auf mich warten können.
In der Küche stand ein Teller mit Entenkeule, Klößen und Rotkohl. Im kalten Zustand hatte das leckere Weihnachtsessen irgendwie einen eigenartigen Beigeschmack. Mein Schwiegervater war mir bereits sechs Cognacgläser voraus, und das Weihnachtslied »Oh du fröhliche« bekam bei seiner guten Laune, die er sich mittlerweile angetrunken hatte, eine völlig neue Bedeutung. Bevor ich mich zu meinem Schwiegervater

gesellte, um ihn vielleicht doch noch »einzuholen«, übergab ich Clara schnell mein »nützliches kleines Geschenk«.

»Schatz, ich habe deine Worte noch gut im Ohr, wenn man sich liebt, fällt einem auch immer eine nette Kleinigkeit für seinen Partner ein. Ich habe dir zugehört und weiß, dass du dringend Waschpulver brauchst, um die Wäsche waschen zu können«, sagte ich zu ihr und übergab, mit einem Augenzwinkern, meine *Kleinigkeit*. Ihr auch noch das Bügeleisen zu schenken, hielt ich auf Grund der angespannten Stimmung, nicht für angebracht.

Claras Blicke wanderten immer zwischen dem Waschpulverpaket mit der roten Schleife und mir hin und her. Diesen Blick kannte ich. Es war der Blick meiner Frau kurz vor Ehekriegsausbruch. Somit beschloss ich, lieber schnell zu meinem Schwiegervater zu gehen, um seinen »Familienoberhaupt-Schutz« (»Kinder, ihr werdet euch doch am Heiligen Abend nicht streiten«) zu suchen und noch etwas von meinem guten Cognac zu genießen. Opa, Herr Hartmann und der gute Courvoisier waren sich einig: So ein Leben als Weihnachtsmann ist schon schwer.

Ein paar Tage nach dem Weihnachtsfest, klingelte unsere Nachbarin Lili-Marie bei uns und nahm meine Frau Clara freudestrahlend in den Arm.

»Danke für das überraschende, nachträgliche Weihnachtsgeschenk. Die Kette und der Seidenschal passen prima zu meinem winterlichen Outfit und das Buch habe ich auch schon zur Hälfte gelesen. Da hast du dir ja wirklich etwas Originelles einfallen lassen. Als ich dich gestern um etwas Waschpulver bat, hätte ich nie damit gerechnet, dass du dein Weihnachtsgeschenk so witzig verpackst. Danke Clara, mit den Geschenken hast du wirklich meinen Geschmack getroffen. Man merkt eben, dass wir nicht nur Nachbarn, sondern über die Jahre des Zusammenwohnens auch gute Freundinnen geworden sind!«

Lili-Marie war also glücklich und ging irgendwann wieder zurück in ihre Wohnung in der zweiten Etage. Meine Frau machte an diesem Abend einen sehr verwirrten Eindruck und versuchte jeden Blickkontakt zu mir zu vermeiden. Erst als wir gemeinsam im Wohnzimmer auf der Couch saßen, hörte ich so ein ganz leises »Tut mir wirklich leid, aber …« Noch bevor sie weiterreden konnte, küsste ich sie und sagte ebenso leise zu ihr, dass man den Weihnachtsmann niemals unterschätzen dürfe. Frohe Weihnachten!

Der Unterhaltungswert der Silver Ager

Die Kinder sind aus dem Haus und plötzlich muss man mit dem veränderten Freizeitwert etwas Sinnvolles anfangen. Ein Garten kann da, wenn man es nicht gerade in penibler Baumann'scher Vorgehensweise auslebt, eine tolle Freizeitaufgabe für beide Partner sein. Auch die Tanzschulen haben mit unserer Altersklasse ihre Kurse randvoll ausgebucht. Die regelmäßig stattfindenden Tanztee-Abende bieten unserer Generation die Möglichkeit, neue Menschen mit gleichem Interesse kennenzulernen. Wander-, Kegel- und Bowlingvereine fördern auch die Gemeinschaft und bieten unseren neuen Freizeitansprüchen andere Perspektiven.
Über die Jahre haben wir unsere Gewohnheiten, Prinzipien und unsere Macken hart erarbeitet. Im Gegensatz zu Kindern, die sich kurz sehen und sofort bereit sind, sich auf neue Kontakte und andere Spielformen einzulassen, stehen wir Silver Ager uns in aller Regel selbst im Wege. Wir haben mitunter im Laufe der Jahre unsere Spontaneität verloren und sind nur schwer bereit, uns neuen Kontakten zu öffnen.
Wann haben Sie zum Beispiel in der letzten Zeit jemanden ganz spontan zu sich nach Hause eingeladen? Einfach so, weil sie Lust dazu hatten! Und vor allem: Ohne vorher dafür zu sorgen, dass alles aufgeräumt, geputzt und der Kühlschrank gut gefüllt ist. Während Kinder sehr schnell bereit sind, Freundschaften zu schließen und ihre Freunde auch mit auf ihr Zimmer zu nehmen, wenn dieses aussieht wie Bombe, zeigen wir uns unseren Mitmenschen gegenüber sehr verhalten. Wir fragen, ob wir dem Anspruchsdenken anderer gerecht werden, ob wir den gleichen oder

einen vergleichbaren Standard bieten können und stehen damit einer spontanen Einladung und der schnellen Kontaktaufnahme zu Fremden im Wege. Die Wohlstandsgesellschaft der Sechzigerjahre hat die heutige 50plus-Generation mitunter zu Persönlichkeiten werden lassen, die ihre innere Zufriedenheit am eigenen Wohlstand messen, getreu dem Slogan »Mein Auto, mein Haus, mein Pferd, mein ...«

Das Klassentreffen

Das Hotel »Goldener Schwan« war der dem Anlass angemessene Ort für unser 30. Klassentreffen. Anfangs hatten wir uns noch jährlich getroffen. Nach dem Abschluss der weiterführenden Schulen und dem Studium hatte es viele aus unserer Klasse über ganz Deutschland und Europa versprengt. Hin und wieder trafen sich kleinere Gruppen spontan. Aber heute war der Tag des großen Klassen- und Schultreffens des Abgangsjahres 1979/1981. Jeder hatte sich mit Fotos von früher und mit den Fotoalben seiner Familien ausgestattet, um sie den anderen zeigen zu können. Manche von uns hatten auch das ‹Mein Haus, mein Boot, mein Auto›-Syndrom bei der Eigenpräsentation.
Mitten in der ersten Wiedersehensfreude platzte Bettina in den Saal. Fast wie früher, erschien sie mit wehenden Haaren, Jutehosen und gebatiktem Oberteil zum Klassentreffen. Sie stand kaum im Saal, da erzählte sie auch schon munter drauflos, was sie in den letzten Jahren so alles erlebt hatte. Dabei spielte es für sie überhaupt keine Rolle, ob jemand oder wer mit wem gerade im Gespräch war. Waren es früher die Kursleiter, denen Bettina über den Mund fuhr, wenn sie den Klassenraum betrat und etwas Interessantes zu erzählen hatte, so musste sie uns heute sofort berichten, dass sie letzte Nacht schlecht geschlafen habe, weil sie einen Schlafgast beherbergt hatte. Sie jetzt zu fragen, wer der Gast gewesen sei, hätte für alle zur Folge gehabt, einem stundenlangen Monolog Bettinas zuhören zu müssen. Also taten alle so, als ob es ganz normal wäre, nachts kein Auge zumachen zu können,

wenn man einen Schlafgast bei sich hatte. Bettina störte dies wenig, und wie gewohnt sagte sie so laut, dass es alle hören mussten:
»Ich hatte gestern Jesus zu Besuch.«
Im Raum wurde es spürbar ruhiger, dann still. War Bettina im Laufe der Jahre einer Sekte zum Opfer gefallen oder hatte sie etwa …? Nein, das wollte und konnte sich keiner vorstellen. Wir hatten seit vielen Jahren in unserer Stadt einen Obdachlosen, der sommers wie winters barfuß und mit vielen Tüten bepackt durch die Fußgängerzone zog. Sein Outfit und seine langen Haare hatten ihm den Spitznamen »Jesus« eingebracht.
»Ich bin gestern Abend durch die Innenstadt gelaufen und da sprach mich Jesus an. Wir tranken zusammen einen Rotwein und er erzählte mir, dass er gerne mal wieder so richtig in Ruhe baden wolle. Also nahm ich ihn mit zu mir in die Wohnung, ließ ihm Badewasser ein, stellte ihm Kerzen an den Rand und ließ ihn in Ruhe baden. Da es dann schon recht spät war, wollte ich den frisch gebadeten Kerl nicht wieder auf die Straße schicken. Ich kochte uns noch etwas und wir haben lange geredet. Dann bot ich ihm mein Bett an und ich habe auf der Couch geschlafen. Mann, war das unbequem. Ich habe so schlecht geschlafen wie schon lange nicht mehr.«
Eins musste man Bettina lassen, ihre kindliche Unbekümmertheit und ihre Spontaneität, die einigen von uns mittlerweile fehlten, hat sie bis heute behalten. Während ich so meinen Gedanken über Bettinas Schlafgast und das Angebot, Jesus bei sich baden zu lassen, nachhing, hörte ich sie laut in den Saal reinrufen:
»Wenn jemand von euch heute Nacht noch einen Schlafplatz braucht, ich hätte noch ein Bett zu vergeben, jetzt wo die Bettwäsche schon mal aufgezogen ist, kann die eine Nacht auch ruhig noch jemand bei mir schlafen.«
Spontan meldete sich keiner.
Irgendwann ging die Saaltür auf und ein Herr mit sichtbar gefärbten Haaren, einem maßgeschneiderten Anzug und einer für alle sofort ins Auge fallenden Rolex betrat den Raum. Er gab dem gerade vorbeieilenden

Kellner gönnerhaft seinen Autoschlüssel und bat ihn, doch bitte sein Auto in der Tiefgarage zu parken.
Was für ein Auftritt!
Allerdings gab es da ein klitzekleines Problem. Das Hotel verfügte über keine Tiefgarage, und das Hotelpersonal war es nicht gewohnt, Gästeautos hinten auf dem Hotelhof zu parken.
Ralf Kudover zelebrierte seinen Auftritt zum Klassentreffen. All die Jahre hatte kaum jemand etwas von ihm gehört. Mit dubiosen Immobilien- und Spielhallengeschäften und vor allem einem Sonderpostenmarkt brachte er sich immer wieder mal ins Gespräch und uns in Erinnerung. Als sein Vater verstarb, konnte man in der örtlichen Tageszeitung Folgendes lesen:

Tief erschüttert, zu Tränen gerührt. In unsagbaren Schmerz müssen wir von unserem, über alles geliebten, geschätzten Vater, Opa und Freund Abschied nehmen.
Er war immer unser Leitbild, unser Vorbild

Achim Kudover
* 29.03.1929   † 15.05. 2001

Im Namen aller Angehörigen
Ralf Kudover

* ACHTUNG * ACHTUNG * ACHTUNG *
Sonderposten zu extremen Niedrigpreisen eingetroffen.
Trauern Sie mit uns und profitieren Sie von unserem Schmerz.
Die Tränen stehen uns bereits in den Augen.
* ACHTUNG * SONDERPOSTEN * ACHTUNG *

Aber so kannten wir Ralf. Als er in der Schule an einem Freitagnachmittag mal wieder nachsitzen musste, hatte er sich freiwillig für das Aufräumen des Schulkellers gemeldet. Dabei entsorgte er durch ein Seitenfenster die gesamten Flaschenvorräte aus dem täglichen Milchverkauf und das von uns mühevoll gesammelte Altpapier. Die gesamte Schule führte nämlich regelmäßig Altstoffsammlungen durch, damit Geld für das Schulfest zusammenkam. Irrwitzigerweise half Papa Kudover seinem Sohn bei dieser Aktion auch noch, indem er alles auf seine VW-Pritsche lud, um es anschließend beim Werthof zu veräußern. Dabei hatten weder Vater noch Sohn ein Unrechtsempfinden.

»Eine Runde für den Saal«, brüllte Ralf und steckte der Kellnerin einen Hunderter in den Ausschnitt.

»Na, ihr Pappnasen, was habt ihr aus eurem Leben gemacht?«, fragte er, ohne wirklich daran interessiert zu sein, was aus seinen Mitschülern geworden war. Er holte sein Tablet heraus, klappte es auf und begann, jedem der es sehen wollte, sein Haus, seinen aktuellen Porsche und seinen Privatjet zu zeigen.

»Seid ein bisschen vorsichtig mit dem Tablet, die Steinchen drum herum sind alles echte Swarovskis.«

Für so viel Bescheidenheit hatte ich Ralf schon in der Schule gemocht. Er bekam früher jede Woche 10 DM Taschengeld, und da sich das so blöd rechnen ließ, meinte Ralfs Vater, gäbe er ihm lieber 50 DM pro Monat. Besondere Aufwendungen wie essen gehen mit einer Braut, die er aufgerissen hatte, wurden von Papa Kudover extra vergütet. »Leistung muss sich schließlich lohnen«, war sein Credo.

In der 9. Klasse kam eine neue Schülerin aus dem Norden zu uns an die Schule. Birte wirkte schüchtern. Sie war so ein Rühr-mich-nicht-an-Typ. Braune, bis zur Schulter reichende Haare, rehbraune Augen und ein Mund, der zum Küssen einlud – sofort war ich in die neue Klassenkameradin verliebt. Zwei Wochen lang hatte ich gespart und mein Fahrrad geputzt, um Birte zum Eis essen in die »Pinguin Bar« einladen zu können. Immer wieder hatte ich gerechnet und war mir am Ende sicher, dass ich mit meinen Ersparnissen in Höhe von 1,80 DM

Birte zumindest auf vier Kugeln Eis und eventuell noch auf einen Milchshake einladen konnte.

Der Freitag war ein günstiger Tag, um Birte anzusprechen. Also nahm ich meinen ganzen Mut zusammen und fuhr mit dem frisch geputzten Fahrrad los. Ich stand gerade vor ihr, da kam Ralf Kudover mit seinem Motorroller vorgefahren. Mit beidseitig hochgelegten Auspuffrohren und einem mit Tigerfell bespannten Sattel stellte er sich zwischen uns und lud Birte zum Essen auf die »Burgerfarm« am Rande der Stadt ein. Mir blieb die Spucke weg. Meine Starre löste sich erst wieder, als Birte auf das coole Moped stieg und beide von dannen fuhren. Tief enttäuscht und mit der Frauenwelt hadernd, radelte ich nach Hause, befestigte wieder meine Borussia-Mönchengladbach-Fahne am Fahrrad und versuchte mich mit dem Gedanken zu trösten, wenigstens Geld gespart zu haben.

Am heutigen Abend himmelte unsere Birte ihren Tigerfell-Roller-Rocker wieder an. Sein Auftritt mit der unterschwelligen Info, dass er vom Roller- zum Porschefahrer gewechselt hatte, erzielte zumindest bei unserer Birte den gewünschten Bewunderungs-Erfolg.

Der Abend fand, zumindest für die Männerwelt, seine Krönung, als plötzlich unsere damals noch sehr junge Vertrauenslehrerin, die wir auch in Biologie erleben durften, in der Tür stand. Wir Jungs hatten immer noch die schönen langen Beine und den Minirock in Erinnerung, den Frau Weidemann oft getragen hatte. Damals ein Skandal. Viele unserer altehrwürdigen Lehrerinnen hatten sich über die Länge des Rockes empört. Wir fanden das bei Weitem nicht so empörend, sondern genossen es, wenn Frau Weidemann die Kreide herunterfiel und sie sich danach bückte. Waren wir Jungs der 13a unseres Gymnasiums sonst Gentlemen, so vergaßen wir bei der heruntergefallenen Kreide, unserer Lehrerin zu helfen. Vielmehr genossen wir den »schönen Ausblick«.

An diesem Abend trug sie einen dreiviertel langen Rock und wir stellten alle einvernehmlich fest, dass sie – für ihr Alter – noch sehr attraktiv aussah. Die Stimmung wurde allmählich lockerer und vertrauter und wir tauschten unendlich viele Geschichten aus alten Zeiten aus. Wir lachten viel beim Anblick der schrulligen Schwarz-Weiß-Bilder und

erfreuten uns an den albernen Frisuren und Outfits der Siebzigerjahre. Mitten in dem bunten Geraune und Gelächter hörten wir plötzlich die durchdringende Stimme der Hotelbesitzerin, die an der Saaltür stand.
»Entschuldigen Sie bitte! Wer fährt den blauen Porsche Cayenne mit Hamburger Kennzeichen, der hinten auf dem Hof steht?«, wollte die Hotelchefin wissen.
»Das ist meiner, Sie wollen wohl mal eine Probefahrt machen«, grölte Ralf durch den Saal und lachte gönnerhaft dabei.
»Eher nicht, entgegnete die Chefin des Hauses, aber mein Mann ist vorhin beim Einparken Ihres Wagens gegen das Fahrzeug eines anderen Hotelgasts gestoßen. Wir haben vorsorglich die Polizei gerufen, damit sie Ihren Schaden auch reguliert bekommen. Jetzt ist aber neben der Polizei auch noch die Steuerfahndung da, und alle haben Gesprächsbedarf mit Ihnen. Wenn ich Sie kurz bitten dürfte, die Runde zu verlassen, um mit ins Foyer zu kommen?«
Unser Ralf wurde ganz blass und sagte kaum hörbar:
»Wenn ich vorher noch mal schnell zur Toilette gehen dürfte? Ich bin dann sofort unten.«
Im Saal herrschte fortan eine merkwürdige Stille. Nur Ralf nahm die Situation in gewohnt schauspielerischer Art auf und verhielt sich nach dem Motto »The Show must go on«. Für jeden hörbar, posaunte Ralf auf dem Weg zur Toilette heraus, dass er dem Trachtenverein da unten gleich den Marsch blasen würde. Uns allen war klar, was jetzt passierte und wie Ralf versuchen würde, sich aus der Schlinge zu ziehen. War ja nicht das erste Mal, dass er derartige Probleme bekam und nach einem Ausweg suchte. Wir ahnten, nein, wir wussten, welchen Weg der Problemlösung unser alter Klassenkamerad jetzt wählen würde. Ralf kletterte durch eines der Toilettenfenster ins Freie, um in seinen Wagen zu steigen. Er wusste nicht, welche Personen da unten im Foyer standen und auf ihn warteten, aber zwei der Polizisten müssen mit uns im gleichen Abiturjahrgang gewesen sein. Sie kannten nämlich seine Art des Abgangs, wenn es für ihn heikel wurde und nahmen ihn am Auto fest. In Handschellen verließ er unser Klassentreffen. Unsere »Ostseesprotte«

Birte war geschockt. Ich glaube, sie wäre gern von Ralf mit dem Porsche nach Hause gebracht worden.

Nun, da mein alter Rivale ausgeschaltet war, hätte ich ihr anbieten können, sie nach Hause zu bringen, aber ich war mir nicht so sicher, ob sie in einen gewöhnlichen Octania eingestiegen wäre?

Es war ein schöner Abend. Am meisten genoss ich die langen Gespräche mit alten Freunden, die ehrlich und unumwunden aus ihrem Leben berichteten, das eben nicht immer so gelaufen war, wie sie es sich einst vorgestellt hatten. Ein vertrautes kindlich-naives Gefühl stellte sich wieder bei mir ein, auch wenn es nur für ein paar Stunden war.

Der Turbogang

Ich verstand früher nie die älteren Leute, wenn sie darüber klagten, dass die Zeit so schnelllebig geworden sei und sie froh wären, nicht in diesen heutigen Wirren aufwachsen zu müssen, standen wir doch vor so viel Neuem, was das Leben leichter und aufregender werden ließ. Das mobile Telefon war erfunden, Schreibmaschinen hatten fortan die Möglichkeit, einen Text zu speichern und jeder Haushalt bekam überhaupt erst mal einen Telefonanschluss. Als Kind hatte ich das alles nicht. Wollte ich telefonieren, musste ich zu unseren Nachbarn gehen. Die wichtigsten Telefonnummern standen in meinem Hausaufgabenheft. Klar fand ich die gemeinsamen Fernsehabende mit Tante Emmi, Onkel Theo und den Kindern toll. Konnten wir doch alle über Rudi Carrell lachen und machten ihn oft nach.

Allerdings liebe ich es heute genauso, mit meiner Familie am Abend vor dem eigenen Fernseher zu sitzen und mit ihr um das Programm zu ringen. Als Gladbach-Fan mochte ich es, mit meinem Vater und HSV-Fan sowie unserem Nachbarn Theo, der stets für den MSV Duisburg die Daumen drückte, am Samstagabend stundenlang Fußball zu schauen und darüber zu philosophieren.

Vieles, was wir früher hatten und taten ähnelt dem, was wir auch heute noch tun. Damals schauten wir die Fußball-WM mit den Nachbarn und Freunden unserer Eltern, heute tun wir dies auch mit unseren Nachbarn und Freunden und nennen es Public Viewing. Einen Unterschied gibt es aber wohl. Sorgt heute eine eventuelle Störung im Internet dafür, dass man die wichtigsten Spielszenen oder Tore verpassen könnte, tat dies damals der schlechte Empfang der Antenne auf dem Dach des Wohnhauses. So auch zur Fußball-WM 1974. Wir Jungs mussten mitunter eine ganze Weile auf dem Stuhl stehend so lange die Zimmerantenne drehen, bis das Rauschen auf dem Bildschirm verschwunden war. Beim 1:0 für die Niederländer wüteten meine Mutter und Nachbarin Emmi dermaßen, dass der Wohnzimmerglastisch kaputt ging. Ich hätte damals schon daraus lernen sollen, dass Frauenpower nicht zu unterschätzen ist.

Die Schulzeit endete und das Abenteuer lockte. Ab sofort mussten wir lernen, erstmals für uns selber zu sorgen, uns zu organisieren und wir lebten die Freiheit des »Erwachsenseins«. Einige von uns gingen zu Atomkraft-Nein-Danke-Demos, während andere aus unseren Jahrgängen die John-Travolta-Tanzwelt mit dem »Saturday Night Fever« auslebten. In der darauffolgenden Popper- und Punkerzeit zogen wir uns mit Sprüchen wie »Jeder Punker ist ein Kranker« oder »Und gibt der Popper keine Ruh, so latsch ihm auf die College-Schuh« gegenseitig hoch. Das eigene »Familienhotel« verlassend, zog ich mit Volker und Matze in eine WG. Wir gingen gern tanzen, liebten das Leben und studierten nebenher ein bisschen. Hauptsächlich finanzierten wir unser Studentenleben durch Aushilfsjobs. Wobei die Betonung mehr auf Leben als auf Studieren gelegen haben muss. Hin und wieder besuchten wir auch Demos, die uns wichtig erschienen. Keiner von uns gehörte in eines der beiden damaligen Szenelager. Aber als Quintessenz aus der Popper- und Punkerzeit trugen auch wir die VOKUHILA-Frisur (vorne-kurz-hinten-lang). Mann, waren wir schön …

Volker war in unserer WG der »Grüne« und besuchte deutlich mehr Demos für den Ausstieg aus der Atomindustrie und zur Verbesserung der Umwelt. Um zu den Demos zu kommen, mussten wir immer seinen alten Benz anschieben und durften dabei den Dieselruß – ungefiltert – einatmen. Es war schon wichtig, für den Umweltschutz im Ganzen zu protestieren.

Eine verrückte Zeit. Ich habe sie in vollen Zügen genossen.

Dann kam die Nacht, die alles in Deutschland veränderte. Während ich mit meiner damaligen Freundin Carola im Bett lag, wir uns bei leiser Musik liebten und gerade dabei waren, die Stellungswende im Liebesakt zu vollziehen, kam über den Äther die Nachricht, dass die Grenzen geöffnet waren und die Wende eingeleitet wurde. Somit hatte ich von dem Begriff »Wende« einen bleibenden und ganz besonderen Eindruck und ich verband mit ihm von Anbeginn der »gesamtdeutschen Zeit«, Neuland zu erfahren und anderes kennenzulernen. Das Abenteuer, mich auf neue Menschen einzulassen und das Positive in dem Experiment »Wende« auszuprobieren, war eine tolle Erfahrung. Meine größte und abenteuerlichste Reise ist aber die Ehe mit Clara. Ich habe bislang jeden Moment der Reise genossen und hoffe, dass die Fahrt im gemeinsamen Eheexpress noch lange währt.

Allerdings, eine Sache habe ich dennoch beachtet: In unserem Wohnzimmer wird es nie einen Glastisch geben.

Großvaters Geburtstagsessen

»Endlich! Wieder ein Schuljahr geschafft!«, rief mein Sohn schon beim Öffnen der Haustür.

»Und, wie hast du es abgeschlossen?«, fragte ich ihn.

»Och, ganz gut. Besser als Einstein, geht man nur nach den Noten. Auf jeden Fall werde ich es bis zum Abi schaffen. Das war es doch, was du wissen wolltest, oder?«

»Meinst du, es reicht, um dich und deine Mutter zum Essen einzuladen?«, fragte ich Ben.

»Klar, für ein lecker Essen reichen die Noten allemal. Ich würde gern zum Italiener, wenn das drin ist.«

»O. k., ich rufe nur noch schnell deine Mutter an und sage ihr, dass wir sie aus der Schule abholen.«

Eine Stunde später saßen wir beim Italiener und Ben versuchte uns schonend beizubringen, dass das Zeugnis doch nicht ganz so gut war, wie er uns zuvor hatte glauben lassen.

»Sieh es positiv Papa! Ohne mein Zeugnis säßen wir jetzt nicht alle gemeinsam beim Italiener.« So ganz Unrecht hatte er nicht, und mein Papaherz war ein klein wenig besänftigt. Neugierig schaute ich mich im Restaurant um und blieb mit meinem Blick am Nachbartisch hängen. Ein Großvater hatte seine ganze Familie zum Geburtstagsessen eingeladen. Neugierig, wie ich nun mal war, beobachtete ich das Treiben. Während der alte Herr von früher erzählte, saßen seine Enkel und Kinder am Tisch und tippten, teils unter dem Tisch, teils offensiv am Essenstisch auf ihren Handys herum. Der Großvater versuchte sein ganzes rhetorisches Können aufzubieten, damit ihm jemand zuhörte. Aber das leise, gegenseitige Zeigen von Nachrichten und Bildern auf den Telefonen war der Familie wichtiger.

Ben, der meinen Blicken gefolgt war, kommentierte leise:

»Die sind ja alle voll krass drauf. Der Opa tut mir leid.«

»Da kannst du mal sehen, wie es mir geht, wenn ich Kontakt zu dir aufnehmen möchte. Das ist ähnlich.«

Empört und gekränkt über meine Äußerung, protestierte Ben sofort:

»Falls es dir noch nicht aufgefallen ist, ich habe mein Handy gar nicht am Tisch. Es steckt in meiner Jacke. Schließlich weiß ich noch, was Anstand ist.«

»Sorry, so war es nicht gemeint, aber zu Hause ist es leider oft so.« Just in diesem Moment servierte der Kellner unser Essen und Ben interessierte sich nicht mehr für unser Gespräch. Der Hunger muss riesengroß gewesen sein. Dagegen war mein Hunger irgendwie wie weggeblasen. Am Tisch nebenan schien die Geburtstagsparty sich dem Ende zuzuneigen, da der Großvater zum Zahlen an den Tresen ging. Plötzlich schienen

die Geburtstagsgäste aus ihrem komatösen Schlaf zu erwachen und der vielleicht 15-jährige Enkel brachte es auf seine Weise auf den Punkt: »Solche Familienfeiern sind voll ätzend, immer die alten Geschichten. Nur gut, dass der Schuppen hier wenigstens WLAN hatte, da konnten wir uns die Zeit, während Opa in Erinnerungen schwelgte, gut vertreiben.« Darauf meldete sich prompt eine Dame, die ich für die Mutter des kleinen Stinkers hielt:
»Was meinst du, warum ich diese Location gewählt habe?«
Ich war erschüttert und muss wohl völlig hemmungslos zum Nachbartisch gestarrt haben. Ben, nun gesättigt, flüsterte mir ins Ohr:
»Ich werde mal nicht so. Versprochen. Wenn du alt bist, kannst du mir immer deine alten Kamellen erzählen.« Vollkommen gerührt, wäre ich gern meinem Sohn um den Hals gefallen. Das ging aber nicht. Sein Zeugnis stand einer herzlichen Umarmung im Wege.
Als das Geburtstagskind nebenan wieder an den Tisch trat, bat der Opa eindringlich und energisch alle am Tisch sitzenden Familienmitglieder, kurz ihre Handys wegzulegen, um ihm zu zuhören, da er etwas bekanntgeben wolle.
»Wie ihr wisst, werde ich im nächsten Jahr 70 Jahre alt. Und nach dem heutigen Abend bin ich zu dem Entschluss gekommen, meinen runden Geburtstag an dem Ort zu feiern, wo ich mit eurer Mutter, eurer Oma zu ihren Lebzeiten immer so glücklich war. Ich fahre nach Warnemünde und werde in unserer Lieblingsgaststätte Fisch essen, davon ein Foto machen und es euch am Abend posten, dann seid ihr wahrscheinlich aktiver dabei, als ihr es an dem heutigen Abend wart. Danke für Euren Besuch und die kurze Aufmerksamkeit für meine Ausführung.« Er nahm seine Sachen, verabschiedete sich von seiner Familie und verschwand. Etwas benommen nippte ich an meinem Glas. Was für eine Ansage! Als der alte Herr verschwunden war, meldete sich ein Gast dieser netten Familienrunde:
»Also wisst ihr, unser Vater wird auch immer merkwürdiger. Aber wenn er sich jetzt endlich ein Handy mit WhatsApp anschafft, dann können wir ihn in unsere Familiengruppe aufnehmen und er ist immer Up-to-date. Vielleicht zickt er dann nicht mehr so rum wie heute.«

Der Abend beim Italiener wurde noch sehr schön. Wir unterhielten uns angeregt über alte Kamellen, Geschichten aus dem Heute und von der möglichen Zukunft, und ich genoss es in vollen Zügen.

Es ist, wie es ist

Ja, es ist, wie es ist. Und mit dem Aufräumen hat es auch nur bedingt geklappt. Klar müsste man in so vielen Bereichen mal wieder so richtig aufräumen. Aber anders als beim Aufräumen in der Wohnung kann man im Leben nur bei sich selber damit anfangen.
Ich habe gelernt, dass man mit sich im Reinen sein muss, um eine objektive Sicht auf die Dinge im Allgemeinen zu bekommen. Das heißt auch, dass man im Laufe seines Lebens schauen sollte, ob die eine oder andere Einstellung oder Vorstellung noch der Zeit entspricht, oder ob sie einem nur das Leben schwerer macht und die Sicht vernebelt.
Aufräumen – das ist ein weites Feld. Keiner kann sagen, was für einen selbst das Richtige ist. Das entscheidet jeder für sich oder vielleicht gemeinsam mit seiner Familie. Auf jeden Fall ist es wichtig, öfter mal ein paar liegengebliebene Balken und Hürden beiseite zu räumen.
Dass das Alter tatsächlich Gelassenheit mit sich bringt, merke ich oft daran, dass ich zum Beispiel beim Autofahren nicht mehr das Gefühl habe, um die Pool Position »kämpfen« zu müssen und nicht mehr denke, Michael Schumacher fährt vor mir. Was war ich doch früher für ein Hitzkopf und die Ungeduld in Person. Clara würde sagen, die Ungeduld ist geblieben. Dennoch versuche ich jeden Tag, mit Gelassenheit an bevorstehende Aufgaben zu gehen, um das Jetzt und Hier mehr zu genießen. Vergessen wir doch einfach öfter mal, was uns die moderne Technik scheinbar an Annehmlichkeiten schenkt und besinnen uns auf das wahre Leben. Das ist voller Emotionen, Geschichten und liebenswerten Dingen.

Eine der wichtigsten Erkenntnisse beim »Aufräumen« war für mich, dass ich mich auch auf alles Neue, was vielleicht noch auf mich zukommen wird, freuen kann.

Ich freue mich schon heute auf das Backen oder Kochen mit meinen Enkelkindern, wenn wir die Koch- und Backrezepte von Oma Ursel und Oma Moni ausprobieren. Und zwar ganz ohne Starköche, die per TV die Zubereitung der Rezepte ansagen müssen.

Ich freue mich auf das gemeinsame Essen im Kreise der gesamten Familie, auf das echte Gefühl einer Gemeinschaft beim Essen – ganz ohne Prominenten-Dinner.

Ich freue mich darauf, mit unseren Enkelkindern Bilderbücher anzuschauen, ihnen Geschichten vorzulesen oder einfach mit ihnen zu spielen, ohne vorher das Unterhaltungsprogramm der Medien studiert zu haben.

Ich freue mich, selbst angebautes Obst und Gemüse aus meinem Garten zu ernten oder mit Clara beim Bauern um die Ecke einzukaufen, damit sie mich mit ausgewogener Kost und gesundem Essen verwöhnen kann – in der Hoffnung, dass ich ihr noch lange erhalten bleibe und (vielleicht) ein paar Pfund abspecke.

Ich freue mich darauf, neue Menschen und Kulturen kennenzulernen und in mein Leben zu lassen, damit sie es auf ihre Weise bereichern.

Ich freue mich auf die nächsten Geschichten von Ben, Clara und Frank Hartmann, deren Freundeskreis und auf die mannigfaltigen Vergnügen des Älterwerdens.

Das wird eine aufregende Zeit. Also ist die 50plus doch noch nicht das Ende!

Ich stellte den Teller mit der »Halben Hundert« vorsichtig in den Küchenschrank und räumte weiter die Spülmaschine aus. Es gab noch Einiges zu tun, bevor ich Clara und ihre Freundinnen beim Italiener abholen konnte.

Der Autor:
TOM WERNER wurde 1961 geboren. Er lebte und arbeitete einen Großteil seines Lebens als Pädagoge in Göttingen.
Vorher absolvierte TOM WERNER eine kaufmännische Ausbildung zum Versicherungs- und Automobilkaufmann.
Seit ca. 26 Jahren arbeitet er in der Automobilwirtschaft als Fachberater und Verkaufstrainer in der Automobilindustrie.
Vor allem aber ist TOM WERNER ein erfahrener Familienvater und Ehemann.
Das Interesse an seinen Mitmenschen und deren Geschichten und die Bereitschaft den Menschen zuzuhören, haben ihm die Inspiration zum Schreiben gegeben. Das Gefühl, so ganz schleichend von der Gesellschaft auf das Altenteil geschoben zu werden, wenngleich er gerade die 50 in seiner eigenen Biografie überschritten hatte, ließen ihn mit einer Leichtigkeit und mit Witz die Erlebnisse eines Familienvaters, in Form dieser Familien-Biografie-Erzählung, niederschreiben.

TOM WERNER
bedankt sich bei:

Antje Beyer, textkultivator.com für das professionelle Lektorat und die schnelle Bearbeitung,
Fa. KeyWeb für die Unterstützung
IT-Funk für die technische Unterstützung.
Levina Schwarz für die Fotos für das Buchcover,
Jacqueline Plaul für die Unterstützung während des gesamten Buchprojektes und die künstlerische Gestaltung des Covers,
Fa. MÖBEL RIEGER und MÖBEL FINKE für die Bereitstellung der Location bei den Fototerminen und vor allem bei unserem Titelbildmodell Michael Huke für die spontane Mithilfe.

Bedanken möchte ich mich bei allen freiwilligen Mitarbeitern und Helfern des Buchprojektes.
Mein besonderer Dank gilt Birgit, Bärbel, Corinna, Sigrid, Christina, Luisa, Bernd, Thomas und Frank.

Vor allem möchte ich mich bei meiner Familie bedanken. Sie hat mir den Freiraum und die nötige Unterstützung gegeben, dieses Buch zu publizieren.